新型城镇化与可持续发展

性别失衡对中国农村人口婚姻暴力的影响研究

GENDER IMBALANCE AND MARITAL VIOLENCE OF
RURAL CHINESE

李成华　靳小怡◎著

基于性别与流动的视角

From Gender and Migration Perspective

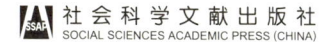

社会科学文献出版社
SOCIAL SCIENCES ACADEMIC PRESS (CHINA)

摘 要

20世纪80年代以来，持续偏高的出生性别比使得中国农村婚姻挤压和男性成婚困难问题广受各界关注。婚姻市场中"男多女少"的供需失衡不仅会影响婚姻的缔结，引发男性婚配危机，也可能会对两性关系和婚姻质量产生负面影响，增加婚姻家庭的不稳定因素。本书利用福建省X市外来农村流动人口调查数据和百村个人调查数据，在相关经典理论的基础上整合并建构了适用于中国社会转型期城乡人口流动和婚姻挤压特殊情景下的农村婚姻暴力影响机制的分析框架，引入性别和流动视角，采用分层统计模型，从县区和个体层次出发，系统分析性别失衡引发的男性婚姻挤压对农村人口婚姻暴力的影响。本书的贡献主要体现在以下四个方面。

第一，在西方经典理论的基础上，提出适用于中国城乡流动和性别失衡背景下婚姻挤压对农村婚姻暴力影响的分析框架。对西方已有经典婚姻暴力理论进行深入总结与解读，从社会文化和社会结构视角提出一般情境下解释婚姻暴力发生的多层次概念框架；在此基础上，引入流动视角，纳入男孩偏好文化、结构性婚姻挤压、男性成婚困难经历、流动特征五个反映中国特殊社会情境的要素，构建适合于中国城乡流动和婚姻挤压情境下农村婚姻暴力研究的分析框架。该框架的提出有利于丰富婚姻家庭理论及其在中国的应用，丰富了城乡流动背景下男性婚姻挤压对中国农村婚姻暴力影响的研究，为理解中国农村婚姻暴力提供了新的研究思路，具有鲜明的前沿性。

第二，发现婚姻挤压对农村家庭婚姻暴力的发生具有刺激与抑制的多重影响，流动加大了婚姻挤压对农村家庭婚姻暴力的影响。研究结果发现：宏观层面的男孩偏好文化和结构性婚姻挤压因素对生活在乡土社会的农村夫妻间的婚姻暴力行为没有显著影响，但结构性婚姻挤压因素中的同年龄组性别比对流动的农村家庭中发生夫妻相互施暴行为具有显著的抑制作用；微观家庭层面的丈夫成婚困难的经历会显著增加农村家庭中夫妻相互施暴的行为，且丈夫成婚困难的经历还会显著增加流动的农村家庭中丈夫单方施暴的行为。

第三，发现婚姻挤压对农村男性实施婚姻暴力具有刺激与抑制的多重影响，流动削弱了社会文化规范和结构性婚姻挤压对男性婚姻暴力行为的影响程度。结果表明：宏观层面的男孩偏好文化和结构性婚姻挤压因素对未流动的农村男性实施肢体暴力分别表现出显著的刺激与抑制作用，流动削弱了所在家乡社会文化规范和结构性婚姻挤压因素对在城市生活的男性婚姻暴力行为的影响；微观个体层面的成婚困难经历和生育性别偏好对生活在乡村与城市社会的农村男性实施婚姻暴力均具有显著的刺激作用。

第四，发现婚姻挤压对生活在乡土社会农村女性的婚姻暴力行为具有显著的影响；而外出务工发生的流动带来的空间距离的增加和现代城市文明的冲击消除了婚姻挤压对其婚姻暴力行为的影响。结果表明：宏观层面的男孩偏好文化对农村女性实施婚姻暴力行为没有显著影响；宏观层面的结构性婚姻挤压因素会抑制未流动农村女性实施肢体暴力的行为，但对增加或降低流动的农村女性实施婚姻暴力的行为均没有显著影响；微观个体层面的丈夫成婚困难的经历和生育性别偏好对其实施肢体暴力和冷暴力均具有显著的刺激作用。

ABSTRACT

Since the 1980s, China has experienced a sustained high sex ratio at birth which leads to severe male "marriage squeeze" phenomenon at the first marriage market. Marriage squeeze will not only increase rural men's difficulties in getting married, but also affect the marital quality and family stability, which is a major problem for sustainable development. Based on the classical theoretical integration, this book puts forward a macro-and microlevel framework to analyze the marriage squeeze and marital violence in rural china under the background of rural-urban migration. Using data from "2010 nationwide survey in hundreds of villages" and "rural-urban migrants in X City of Fujian province", this book analyse impacts of son preference and stress of marrige squeeze on the marital violence in rural china under the background of rural-urban migration. Hierarchical linear Model, Logistic regression is employed and the main contributions of this dissertation are the following.

1. Put forwarda macrolevel and microlevel framework to analyze the marriage squeeze and marital violence in rural china under the background of rural-urban migration and gendenr imbalance in China. This book summary conceptual framework of marital violence based on the classical theoretical integration reference to psychology, relative resource, emotion relationships, stress and social culture theory, then we developed framework by bringing migration perspective and introducing macrolevel factors including son preference culture, marriage squeeze, microlevel factors including migration and men's difficulties in getting married. The developed framework makes up the lack of examination of marriage squeeze and marital violence in rural china under the background of

rural-urban migration, and provides a new way of thinking locally about the marital violence in contemporary china.

2. It is found that marriage squeeze has multiple influences on the occurrence of rural domestic and marital violence, and the flow increases the influence of marriage squeeze on rural domestic and marital violence. The results showed that the macro level of son preference culture and marriage squeeze structural factors of life in rural society, rural marital violence were not significantly affect marriage, but marriage squeeze structural factors cohorts in the sex ratio of flow in rural family husband and wife mutual violence has significant inhibitory effect; The experience of husbands´ difficulty in getting married at the micro level will significantly increase the occurrence of mutual violence in rural families, and the experience of husbands´ difficulty in getting married will also significantly increase the occurrence of unilateral violence by husbands in mobile rural families.

3. Marriage Squeeze has multiple effects of stimulation and inhibition onrural men's marital violence, migration weakened the effects of socio-cultural norms and marriage squeeze on husband-to-wife violence. We find that son preference culture has postive effect on non-migrating rural husband perpetrate physical violence, while marriage squeeze have negative effect on non-migrating rural husband perpetrate physical violence, son preference culture and marriage squeeze have no significant effect on migrating rural husband perpetrate marital violence. Microlevel factors including patriarchal idea and men's difficulties in getting married have postive effect on husband-to-wife violence.

4. Marriage Squeeze has significant effect on wife-to-husband violence perpetrated by non-migrating rural wife, the increase of spatial distance and the impact of modern urban civilization brought by migrant workers eliminate the impact of marriage squeeze on their martial violence. We find that son preference culture has no significant effect on wife-to-husband violence, while marriage squeeze has negative effect on non-migrating rural wife perpetrate physical violence, microlevel factors including patriarchal idea and men's difficulties in getting married have postive effect on wife-to-husband violence.

目录
CONTENTS

第一章 绪 论 ………………………………………………………… 1
 一 研究背景 ………………………………………………………… 1
 二 概念界定 ………………………………………………………… 6
 三 研究目标 ………………………………………………………… 9
 四 研究内容与框架 ………………………………………………… 10
 五 数据与方法 ……………………………………………………… 12
 六 章节安排 ………………………………………………………… 12

第二章 文献综述 ……………………………………………………… 14
 一 婚姻暴力研究的相关理论 ……………………………………… 14
 二 婚姻暴力的经验研究 …………………………………………… 29
 三 小结 ……………………………………………………………… 37

第三章 性别失衡和城乡流动背景下农村婚姻暴力的影响分析框架 …………………………………………………………… 39
 一 一般情境下解释婚姻暴力发生的概念框架 …………………… 39
 二 适用于中国性别失衡和城乡流动情境下婚姻暴力研究的概念框架 ……………………………………………………………… 43
 三 应用改进后的概念框架分析中国农村婚姻暴力 ……………… 51
 四 验证策略与研究方法 …………………………………………… 58
 五 小结 ……………………………………………………………… 62

第四章 婚姻挤压对农村家庭婚姻暴力的影响 …… 63
    一 研究设计 …… 63
    二 农村家庭婚姻暴力的状况分析 …… 73
    三 婚姻挤压对农村家庭发生婚姻暴力概率的影响 …… 78
    四 婚姻挤压对农村家庭婚姻暴力类型的影响 …… 84
    五 小结 …… 90

第五章 婚姻挤压对农村男性实施婚姻暴力的影响 …… 93
    一 研究设计 …… 93
    二 农村男性实施婚姻暴力状况 …… 100
    三 婚姻挤压对农村男性实施婚姻暴力可能性的影响 …… 104
    四 婚姻挤压对农村男性实施婚姻暴力类型的影响 …… 111
    五 小结 …… 118

第六章 婚姻挤压对农村女性实施婚姻暴力的影响 …… 122
    一 研究设计 …… 122
    二 农村女性实施婚姻暴力状况 …… 126
    三 婚姻挤压对农村女性实施婚姻暴力可能性的影响 …… 130
    四 婚姻挤压对农村女性实施婚姻暴力类型的影响 …… 136
    五 小结 …… 143

第七章 结论与展望 …… 145
    一 主要结论 …… 145
    二 主要贡献 …… 149
    三 政策建议 …… 151
    四 研究展望 …… 154

参考文献 …… 156

附录1 X市外来农村流动人口调查问卷（节选） …… 176

附录2 百村个人调查问卷（节选） …… 186

后　记 …… 192

CONTENTS

1 **Introduction** / 1
   1.1 Background / 1
   1.2 Definition / 6
   1.3 Research Objective / 9
   1.4 Contents and Framework / 10
   1.5 Data and Methods / 12
   1.6 Chapter Outlines / 12

2 **Literature Review** / 14
   2.1 Theories on Marital Violence / 14
   2.2 Empirical Research of Marital Violence / 29
   2.3 Summary / 37

3 **Framework of Marital Violence in Rural China Under the Background of Gender Imbalance and Rural-Urban Migrations** / 39
   3.1 Conceptual Framework of Marital Violence / 39
   3.2 Developing Conceptual Framework of Marital Violence / 43
   3.3 The Applicability of the Developed Framework in Rural China / 51
   3.4 Verification Strategy for Developed Framework / 58
   3.5 Summary / 62

4 **Marriage Squeeze and Marital Violence in Rural Chinese Families** / 63
   4.1 Study Design / 63
   4.2 Distribution of Marital Violence in Rural Chinese Families / 73

- 4.3 The Influence of Marriage Squeeze on the Probability of Marriage Violence in Rural Families / 78
- 4.4 Marriage Squeeze and Marital Violence Type in Rural Chinese Families / 84
- 4.5 Summary / 90

5 Marriage Squeeze and Husband-to-Wife Violence in Rural China / 93
- 5.1 Study Design / 93
- 5.2 Distribution of Husband-to-Wife Violence / 100
- 5.3 The Impact of Marriage Squeeze on the Possibility Marital Violence Among Rural Men / 104
- 5.4 Marriage Squeeze and Husband-to-Wife Violence Type / 111
- 5.5 Summary / 118

6 Marriage Squeeze and Wife-to-Husband Violence in Rural China / 122
- 6.1 Study Design / 122
- 6.2 Distribution of Wife-to-Husband Violence / 126
- 6.3 The Impact of Marriage Squeeze on the Possibility of Marriage Violence Among Rural Women / 130
- 6.4 Marriage Squeeze and Wife-to-Husband Violence Type / 136
- 6.5 Summary / 143

7 Conclusions and Prospects / 145
- 7.1 Conclusions / 145
- 7.2 Contributions / 149
- 7.3 Policy Implications / 151
- 7.4 Prospects / 154

References / 156

Appendix1 / 176

Appendix2 / 186

Afterword / 192

第一章
绪 论

本章主要对本书的研究背景、主要的概念界定、研究目标、研究内容与框架、数据与方法以及章节安排进行介绍。

一 研究背景

(一) 性别失衡引发男性婚姻挤压现象的日益凸显

社会的可持续发展是一个涉及人口、社会、经济、文化、技术及自然环境的综合概念,其中人口的可持续发展不仅是社会可持续发展的主要组成部分,也是影响社会可持续发展的重要因素之一。为了进一步适应人口与社会经济可持续发展的要求,中共十八大报告中就人口问题明确提出了"提高出生人口素质,逐步完善政策,促进人口长期均衡发展"的目标。人口均衡目标的实现首先需要均衡的人口结构,然而20世纪80年代以来,中国经历了持续偏高的出生性别比,2015年全国1%人口抽样调查主要数据公报显示出生性别比高达113.51。偏高的出生性别比和女婴死亡水平,导致了整体人口结构失衡和婚姻市场中男性的过剩。已有关于中国男性婚姻挤压趋势的研究也表明,中国未婚男性婚姻挤压随着年龄的增大而快速上升;大龄未婚男性,尤其是农村地区,婚姻挤压非常严重[1]。

中国是"普婚制"国家,成婚是每个达到适婚年龄人群的基本需求。出生性别比持续升高造成的女性短缺将会导致婚姻市场中可婚配男性和女性数量的失衡,从而引发结构性婚姻挤压,主要表现为男性"婚姻挤压"。第六次全国人口普查数据显示,截至2010年我国30岁及以上的未婚男性人口为1886万人，是同年龄段未婚女性人口的4倍多；而50岁及以上的未婚男性人口为540万人，是同年龄段女性人口的10倍多[2]。已有学者预测，2013年之后中国婚姻市场中每年的男性过剩人口在10%以上，2015年至2045年将达到15%以上，平均每年大约有120万的男性在初婚婚姻市场上找不到配偶[3]。目前随着20世纪80年代初期以来出生的人口正逐步进入婚姻和生育年龄，因此今后较长一段时间，我国将面临不同程度的男性婚姻挤压。当前，结构性婚姻挤压现象在农村地区已经有所体现，一项对全国28个省份（自治区、直辖市）共计364个行政村的抽样调查显示，平均每个村庄至少有9个28岁以上的男性被迫难以成婚[4]。

中国传统父权文化倡导的"男高女低"婚配模式及女性婚姻的迁移，导致大龄未婚男性群体主要聚集在贫困的农村地区，且不断聚集的现象更为突出，将呈现以全国范围内"光棍村"数量不断增加的态势[5]；而大规模的城乡人口流动导致了人口性别结构在城乡、区域与群落间同时失衡，使得受婚姻挤压的农村男性群体同时存在于乡村与城市社会，结构性婚姻挤压问题更加复杂。已有研究发现：受人口流动的影响，男性婚姻挤压地区表现出向沿海等相对发达地区及以往婚姻挤压相对较轻地区扩散的特征；同时也存在一些偏远和欠发达地区的婚姻挤压进一步加重的状况[2]。

受我国"男高女低"传统婚配模式的影响，即使婚姻市场中男女数量供需均衡，在婚姻市场中处于劣势地位的男性也会受自身资源匮乏的限制而遭遇成婚困难。而20世纪80年代以来由出生性别比持续升高造成的女性短缺将会加剧婚姻市场中男性群体争夺可婚配女性资源的竞争程度，更多处于劣势地位的社会底层男性将会面临非结构性婚姻挤压，表现为择偶困难、被迫暂时或永久性不婚[6]。西安交通大学人口与发展研究所在安徽省X县的调查（2008）发现：农村男性普遍感觉到"娶妻难"的压力，几乎所有的28周岁以上的大龄未婚男性都是被迫保持单身状态，超过六成的27周岁以下的小龄未婚男性认为自身正处于择偶困境，而近四成的已婚男性在婚姻缔结过程中有过"娶妻难"的遭遇[7]。

中国的性别失衡及其男性"婚姻挤压"所引发的社会安全和社会稳定问题已受到国家政府及国际社会公众和媒体的广泛关注，是影响中国人口社会可持续发展的一大隐患。性别失衡与男性婚姻挤压将激化买婚、骗婚、拐卖妇女等社会问题,从而刺激犯罪率上升;也可能会通过刺激色情行业规模的扩大而加速性病和艾滋病传播,危害人口安全。中国的人口规模巨大,性别失衡与婚姻挤压带来的社会风险很难通过"引进外国新娘"来解决。国外学者将中国的男性"过剩"与国际的社会安全相联系,在国际社会业已引起了广泛关注,如果这个问题得不到解决,不但影响我国人口社会经济的可持续发展,而且会损害中国的国际形象。目前中国的性别失衡公共治理收效尚不显著,国家政府与社会公众对性别失衡所能引发的各种潜在的社会风险普遍缺乏清晰的认识和理解。

(二) 婚姻挤压带来的婚姻家庭问题

男性婚姻挤压的直接社会后果首先反映为部分男性初婚遇到困难,甚至被迫终身不婚,同时也会反映为个人家庭的微观层面上男女两性的婚姻策略与婚姻关系发生变化。已有学者指出婚姻市场中"男多女少"的供需失衡不仅会影响婚姻的缔结,引发男性婚配危机;也可能会对两性关系和婚姻质量产生负面影响[6]。当出现男性婚姻挤压时,男性为争取婚姻市场配偶竞争的有利地位,会根据婚姻挤压程度对配偶竞争策略做出相应调整,从而有可能波及婚姻市场中女性婚姻策略的变动。研究表明,婚姻挤压会导致结婚年龄提高[8,9],因为婚姻挤压会使受挤压一方推迟结婚,而未受挤压一方可能会因此被动地降低结婚年龄[6];但也有学者发现婚姻挤压会使男女平均初婚年龄下降[10]。当婚姻市场出现男性婚姻挤压时,由于按照传统的夫妻年龄差标准择偶遇到激烈的竞争,为了缓解婚姻挤压的矛盾,实现婚姻缔结的重要策略是扩大夫妻年龄差,寻找年龄更大的女性作为配偶[11],也可能被迫到下一年龄组寻找合适的对象[12]。随着女性缺失程度的不断提高,择偶困难可能迫使男性跨区域争夺女性资源,从而扩大通婚圈。学者对台湾地区因政治军事原因引起的性别失衡后果的研究表明,单性别的婚姻挤压会引起"婚姻市场"竞争激烈,导致"婚姻迁移"人口增加、通婚圈扩大[13]。同时,单性别婚姻挤压引起的婚姻策略调整会进而影响两性关系和婚姻质量,导致离婚风险上升[6]。

男性"婚姻挤压"问题在中国历史上一直存在,而 1980 年以来在低生育率条件下由出生性别比持续升高引发的男性"婚姻挤压"对男女婚姻策略和婚姻质量的冲击问题,在同时期开始的城乡人口流动规模日益扩大的时代背景下变得更加严重和复杂。一方面,因外出务工发生的流动迫使个人在流入地的初期生活经济状况不稳定,从而引起初婚时机被动推迟,促使男女两性的实际初婚年龄均有所上升[14],客观上加剧了男性婚姻挤压的态势;另一方面,因外出务工发生的流动也给个体提供了在流出地婚姻市场之外结识更多异性的机会,可供选择的配偶范围更广,跨地区通婚的可能性更高[15],但由于传统"男高女低"婚配模式的普遍存在,较贫困农村地区女性因婚迁流出的现象更加普遍,条件较差的男青年找到配偶的难度更大,造成男性婚姻挤压风险由较发达农村地区向较落后农村地区转移[6]。同时,伴随农村夫妻双方或一方流动,农村人口的婚姻质量也悄然发生变化,农民工家庭内部的夫妻情感关系呈现亲密与疏远两种倾向并存的状态[16]。

由此可见,伴随性别失衡下的婚姻挤压的日益加剧以及大龄未婚男性等利益受损群体的不断积聚,不但会损害遭受婚姻挤压男性的合法权益,造成其心理健康受损,出现性格扭曲甚至变态状态,还可能波及中国农村的婚姻策略,使之发生改变,比如可能通过买卖婚姻、拐卖妇女、家庭暴力等方式侵害女性权利,进而影响两性关系和婚姻质量,增加婚姻家庭的不稳定因素。

(三) 城乡流动和婚姻挤压情境下婚姻暴力的研究进展

婚姻暴力作为一个全球普遍关注的重要社会问题和公共卫生问题,它对家庭稳定及其子女的健康构成了极大威胁。受中国传统文化观念的影响,婚姻暴力往往被圈定在私人家庭领域,被公众视为"家务事"或者夫妻之间的私事,而不被视为社会问题。全国妇联调查表明,我国每年约40万个家庭解体,1/4缘于婚姻暴力,且婚姻暴力的施暴者九成为男性[17]。近年来,婚姻暴力导致受暴女性犯罪的数量呈上升趋势,大量女性因不堪忍受丈夫的暴力被迫选择"以暴制暴,玉石俱焚"的"自我拯救"方式而走向不归路。大量因婚姻暴力引发的悲剧以无可争辩的事实警示我们:婚姻暴力已不再是一个单纯的家庭问题,而是一个严肃的社会问题。

伴随中国城市化进程的加快，越来越多的农村人口和农村家庭参与到从传统农业社会向现代工业社会转变的过程中。国家统计局农村司的农民工监测调查报告显示，2009年度农村外出务工劳动力已达2.3亿人，其中已婚者比例高达56%[18]。在中国，由于以户籍制度为核心的城乡二元社会结构的长期存在，城市与乡村不仅在地理外貌、职业结构和权利关系上存在巨大的差异，在社会文化与社会制度上也存在巨大的差异，这些差异意味着流动到城市的农村人口和农村家庭须适应新的习俗、文化与语言，遭遇就业歧视、就业不稳定等社会排斥带来的压力问题[19,20]，这些压力都可能导致流动到城市的个体和家庭的脆弱性和紧张的人际关系，引发心理健康和心理失范等问题[21,22]，从而可能容易激发婚姻暴力。流动到城市的农村人口经过多年城市生活的熏陶，社会性别文化和规范意识也会发生变化，也可能对实施婚姻暴力的影响发生作用。此外，对农村夫妻而言，或是夫妻一方流动，或是夫妻双双流动，伴随不同的流动模式，农村家庭内部的经济权利结构和夫妻情感关系也悄然发生变化。研究表明，随着越来越多的农村女性进入就业市场，妻子在家庭中经济地位日益独立，夫妻经济地位日益平等[23]，家庭夫妻关系发生了从传统"男主女从型"向"男女平权型"的转变，女性在婚姻中不再处于从属地位；农民工家庭内部的夫妻情感关系呈现亲密与疏远两种倾向并存的状态[16,24]。流动改变了传统农村夫妻间经济权利结构和夫妻情感关系，这些变化都可能对婚姻暴力产生影响。已有研究表明，随着女性进入就业市场，她们增加了家庭的经济资源，同时对参与家庭事务决策的需求也不断增强，而这对中国传统父权文化思想发起了挑战：当男性为了维护其家庭主导地位时，很可能使用暴力来解决，从而引起夫妻间的暴力冲突和矛盾升级[25]；当家庭中夫妻情感关系比较淡薄、对婚姻不满意时，男性向女性实施暴力的可能性较大[25,26]。

构建和谐社会，需要和谐稳定的婚姻家庭。中国人口转型过程中由出生性别比持续偏高引发的男性"婚姻挤压"现象日益严重，再加上同期开始的庞大的城乡流动人口规模的不断扩大，婚姻挤压下农村人口的婚姻策略和婚姻质量面临更加复杂的局面和更加严重的冲击。据法国巴黎人口与发展中心Christophe Z. Guilmoto预测，即使中国出生性别比在

2020年回归正常，中国到2065年时50岁还未婚的男性比例也将达15%，"婚姻挤压"现象则会持续到2100年[27]。由此可见，对目前城乡流动背景下性别失衡引发的男性婚姻挤压对农村婚姻暴力可能带来的影响进行前瞻性的研究具有十分重要的现实意义。纵观以往的研究，国内外学者尚未探讨婚姻挤压对中国农村婚姻暴力的影响，更未考虑性别失衡与城乡流动双重交织情境下的农村婚姻暴力问题。但西方社会来自社会学和心理学等学科的学者对发生婚姻暴力原因的关注由来已久，为本研究提供了很好的研究范式和理论基础。本研究通过借鉴国内外有关解释婚姻暴力发生的理论与实证研究发现，结合中国社会转型背景下城乡人口流动和性别失衡的特殊情境，探讨城乡流动背景下婚姻挤压对中国农村婚姻暴力的影响。

在中国这样一个社会普遍认定男女两性都应该结婚的盛行普婚文化的社会，婚姻作为家庭形成的起点，对个人和家庭福利起着至关重要的作用。因此，选取农村初婚人口作为研究对象，前瞻性地深入分析人口与社会经济变动及婚姻挤压对中国农村婚姻暴力的影响，揭示并预测未来由出生性别比偏高带来的大规模性别失衡和婚姻挤压的婚姻后果，对于全面认识性别失衡、婚姻挤压及城乡流动对不同地区农村人口婚姻家庭的复杂影响，提高农村人口婚姻质量、维护家庭与社会稳定、提早制定相应的公共政策以应对未来大规模男性婚姻挤压带来的与婚姻有关的社会问题具有重要的现实意义；同时，有利于丰富西方婚姻家庭理论及其在中国的应用，填补目前理论研究应用于定量分析人口社会经济变动及男性婚姻挤压对中国农村婚姻暴力影响的空白，研究具有较鲜明的前沿性和重要的学术价值。

二 概念界定

(一) 家庭暴力与婚姻暴力

家庭暴力指的是发生在家庭成员之间，使用殴打、踢、掌掴、恐吓、孤立、限制人身自由等方式，对家庭成员的生理和心理进行伤害的行为[28]。在20世纪70年代，人们较少关注发生在家庭场域中的暴力行为，认为这几乎是一个不可想象的话题。但当研究者开始了解家庭暴力的时候，发现家庭暴力比任何人所能想到的都更普遍。研究发现家庭暴力既存在于不同的两代人中，即在父母和子女之间发生的暴力行为，包括父母对孩子实施的暴力行为（比如虐待儿童），也包括子女对父母实施的暴力行为（比如虐待老人）；也存在于同一代人中，包括发生在夫妻之间的暴力行为，也包括发生在兄弟姐妹之间的暴力行为[28]。在这些暴力行为中，发生在夫妻间的暴力行为备受关注，在家庭暴力的相关研究中占据重要的比重。

婚姻暴力（marital violence）指发生在已婚夫妻之间的暴力行为，既包括男性对妻子的暴力行为，也包括女性对丈夫的暴力行为[29]。在国外的研究中，partner violence，wife abuse，spouse abuse，intimate partner violence，domestic violence 等都是与婚姻暴力相似的概念，研究者虽对这几个概念的界定略有差别，但更多的时候是相互交换使用的，本研究所使用的文献包含以上各种术语的研究。伴随社会公众对婚姻暴力关注的深入，发现个体实施婚姻暴力的形式是多样的，包括肢体暴力、精神暴力、性暴力和经济控制等不同的类型。受各国文化习俗和社会经济发展程度不同的影响，婚姻暴力的主要表现形式也略有差异，因此，对婚姻暴力类型的测量需要考虑具体的社会情境。伴随社会变迁，中国当前家庭内部夫妻间的暴力形式也悄然发生变化，呈现多元化发展趋势，已有对全国3500多个家庭的调查发现，超过60%的家庭都出现过冷暴力，其发生率居第一位，远远高于肢体暴力[30]。因此本研究对个体实施婚姻暴力类型的测度包括肢体暴力和冷暴力。肢体暴力指夫妻之间一方对另一方的身体攻击行为，如殴打、推搡、打耳光或者使用工具等进行肢体伤害。国内学者对"冷暴力"概念还尚未形成一致的看法，比较具有代表性的描述认为冷暴力指夫妻在产生矛盾时对对方漠不关心，将语言交流降低到最低限度，表现较为冷淡、不理不睬的行为，这是一种以冷落、漠视为主要特征的暴力行为，是一种精神虐待[30]。本研究对农村家庭中发生婚姻暴力的测度根据夫妻实施婚姻暴力的方向，分为无婚姻暴力、丈夫单方施暴、夫妻相互施暴和妻子单方施暴四类。

(二) 农村人口与农村家庭

农村人口指常住农村且持有农村户籍的人口，既包括农业的人口，也包括一部分非农业人口。根据中国现行统计制度的规定，本研究中的"农村人口"指的是持有农村户口的人口，包括目前生活在农村的常住人口，也包括目前流入到城市但依然持有农村户口的流动人口，即农村流动人口。为了区分这两类农村人口，本研究将调查时常住生活在农村的人口称为"未流动的农村人口"，将调查时常住生活在城市的人口称为"流动的农村人口"。

在家庭社会学研究领域中，学者一般将家庭描述为"由血缘、婚姻或养育关系并且居住在一起的人们联系起来的一个社会团体，其中包括两个或多个彼此结婚的异性成年人，并且包括夫妻双方亲生的或收养的一个或多个孩子"[31]。也有学者在此基础上进一步给出了简明的界定，认为家庭是以"婚姻和血缘关系"为纽带的社会生活组织形式[32]。在具体的家庭研究中，学者根据家庭结构将家庭划分为核心家庭、直系家庭、复合家庭、单人家庭和残缺家庭等不同类型的家庭[33]。本研究中的农村家庭仅指"核心家庭"这一种类型的家庭，即由夫妇及未婚子女组成的家庭，且夫妻双方均为农村人口。本研究将调查时夫妻双方均常住生活在农村的核心家庭称为"未流动的农村家庭"，将调查时夫妻中有一方常住生活在城市的核心家庭称为"流动的农村家庭"。

(三) 婚姻挤压

婚姻挤压是对婚姻市场中供需关系失衡的反映，当一方的数量显著超过另一方时，我们称过剩的一方处于婚姻挤压中[34]。从人口学角度考察，婚姻挤压（Marriage squeeze）是由人口性别年龄结构"不合理"所引发的婚姻市场中可婚配男性和女性数量差异较大而导致的婚姻市场中男女比例失衡的现象[6]，受婚姻挤压的影响，过剩方和短缺方的择偶偏好和行为也因此发生较大改变。以性别为分类标准，婚姻挤压可以分为男性婚姻挤压和女性婚姻挤压。当婚姻市场中男性数量大于女性，即男性过剩和女性短缺时，称为男性婚姻挤压。反之，当婚姻市场中女性数量过多，即女性过剩而男性短缺时，称为女性婚姻挤压。当前中国的婚姻市场整体上表现为男性婚姻挤压。

婚姻挤压是对婚姻市场中供需关系的失衡对个体成婚机会约束的反映。存在两类因素影响婚姻市场的供需关系。一是数量的供需，即当婚姻市场中某一性别供给数量显著地超过另一性别，就会导致婚姻市场中出现某一性别人口数量过剩。这种单一性别数量的过剩导致的相应性别人口难以正常成婚的现象，为结构性婚姻挤压[3,35]。二是婚姻市场中潜在配偶质量的差异导致的婚姻挤压，即尽管婚姻市场中总性别比平衡，但由于同层婚姻的规律，婚姻受到阶层、种族、文化和空间等因素影响，当某一教育、社会经济地位和文化特征的潜在配偶供给明显减少也会导致过剩方处于婚姻挤压之中，即非结构性婚姻挤压[36]。

三 研究目标

本书的研究目标是在出生性别偏高引发的男性婚姻挤压问题日趋严重以及同期开始城乡流动人口规模不断扩大的时代背景下，借鉴国外已有关于解释婚姻暴力发生的相关理论和经验研究成果，结合中国城乡流动和婚姻挤压的社会情境，提出适合解释性别失衡对中国农村婚姻暴力影响的分析框架。引入性别和流动视角，从家庭和个体两个层面定量探索当代中国农村家庭发生婚姻暴力的特征，从宏观和微观两个层面定量分析性别失衡引发的男性婚姻挤压对中国农村婚姻暴力发生概率和类型的影响。具体目标包括以下几个方面。

第一，在对西方有关婚姻暴力研究文献进行梳理与总结的基础上，结合中国社会转型背景下城乡人口流动和性别失衡的特殊情境，建立适用于城乡流动背景下婚姻挤压对农村人口婚姻暴力影响的分析框架，为后续实证研究提供理论基础。

第二，探索婚姻挤压对中国农村家庭婚姻暴力的影响。通过比较分析宏观县区层面的社会文化规范和结构性婚姻挤压因素与微观层面丈夫成婚困难的经历因素对未流动的农村家庭和流动的农村家庭中发生婚姻暴力可能性和婚姻暴力类型的影响，揭示城乡流动背景下婚姻挤压对农村家庭婚姻暴力的影响。

第三，探索婚姻挤压对农村男性实施婚姻暴力的影响。通过比较分析宏观县区层面的社会文化规范和结构性婚姻挤压因素与微观个体层面成婚困难的经历和生育性别偏好因素对未流动的农村男性和流动的农村男性实施婚姻暴力可能性和实施婚姻暴力类型的影响，揭示城乡流动背景下婚姻挤压对农村男性实施婚姻暴力的影响。

第四，探索婚姻挤压对农村女性实施婚姻暴力的影响。通过比较分析宏观县区层面的社会文化规范和结构性婚姻挤压因素与微观个体层面丈夫成婚困难的经历和生育性别偏好因素对未流动的农村女性和流动的农村女性实施婚姻暴力可能性和实施婚姻暴力类型的影响，揭示城乡流动背景下婚姻挤压对农村女性实施婚姻暴力的影响。

四 研究内容与框架

在上述研究目标的指导下，本书主要基于性别和流动视角研究性别失衡对农村人口婚姻暴力的影响。本研究的研究内容框架如图1-1所示。本研究的研究内容主要包括以下几个方面。

1. 理论研究

梳理和总结国外已有解释婚姻暴力发生的相关理论和实证研究发现，结合中国社会转型背景下城乡人口流动和性别失衡的特殊情境，整合并建构了适用于中国社会转型期城乡人口流动和婚姻挤压特殊情景下的农村婚姻暴力影响机制的分析框架，为后续实证研究提供理论支撑。

2. 实证研究

基于性别和流动视角，从家庭和个体两个层面定量探索了当代中国农村家庭发生婚姻暴力的特征，从宏观层面的社会文化结构和微观层面人口迁移流动特征，以及个人和家庭特征探索城乡流动背景下婚姻挤压对中国农村婚姻暴力的影响。具体包括以下几个方面。

第一，婚姻挤压对农村家庭中发生婚姻暴力的影响。比较分析宏观县区层面的社会文化规范和结构性婚姻挤压因素与微观家庭层面丈夫成婚困难的经历因素对未流动的农村家庭和流动的农村家庭中发生婚姻暴力可能性和婚姻暴力类型的影响。

第二，婚姻挤压对农村男性实施婚姻暴力的影响。比较分析宏观县区层面的社会文化规范和结构性婚姻挤压因素与微观个体层面成婚困难的经历和生育性别偏好因素对未流动农村男性和流动农村男性实施婚姻暴力可能性和实施婚姻暴力类型的影响。

第三，婚姻挤压对农村女性实施婚姻暴力的影响。比较分析宏观县区层面的社会文化规范和结构性婚姻挤压因素与微观个体层面丈夫成婚困难的经历和生育性别偏好因素对未流动的农村女性和流动的农村女性实施婚姻暴力可能性和实施婚姻暴力类型的影响。

```
城乡流动背景下婚姻挤压对中国农村婚姻暴力的影响研究
                          ↓
                       研究背景
                          ↓
                       文献综述
                          ↓
理论  城乡流动背景下婚姻挤压对中国农村婚姻暴力影响的分析框架
研究
                          ↓
实证   婚姻挤压对农村家庭婚姻暴力    婚姻挤压对农村男性实施婚姻    婚姻挤压对农村女性实施婚姻
研究   的影响                      暴力的影响                  暴力的影响
       未流动的  VS  流动的农      未流动的  VS  流动的农      未流动的  VS  流动的农
       农村家庭      村家庭        农村男性      村男性        农村女性      村女性
       ·有无婚姻暴力              ·是否实施婚姻暴力            ·是否实施婚姻暴力
       ·婚姻暴力类型              ·实施婚姻暴力类型            ·实施婚姻暴力类型
                          ↓
                    结论与研究展望
```

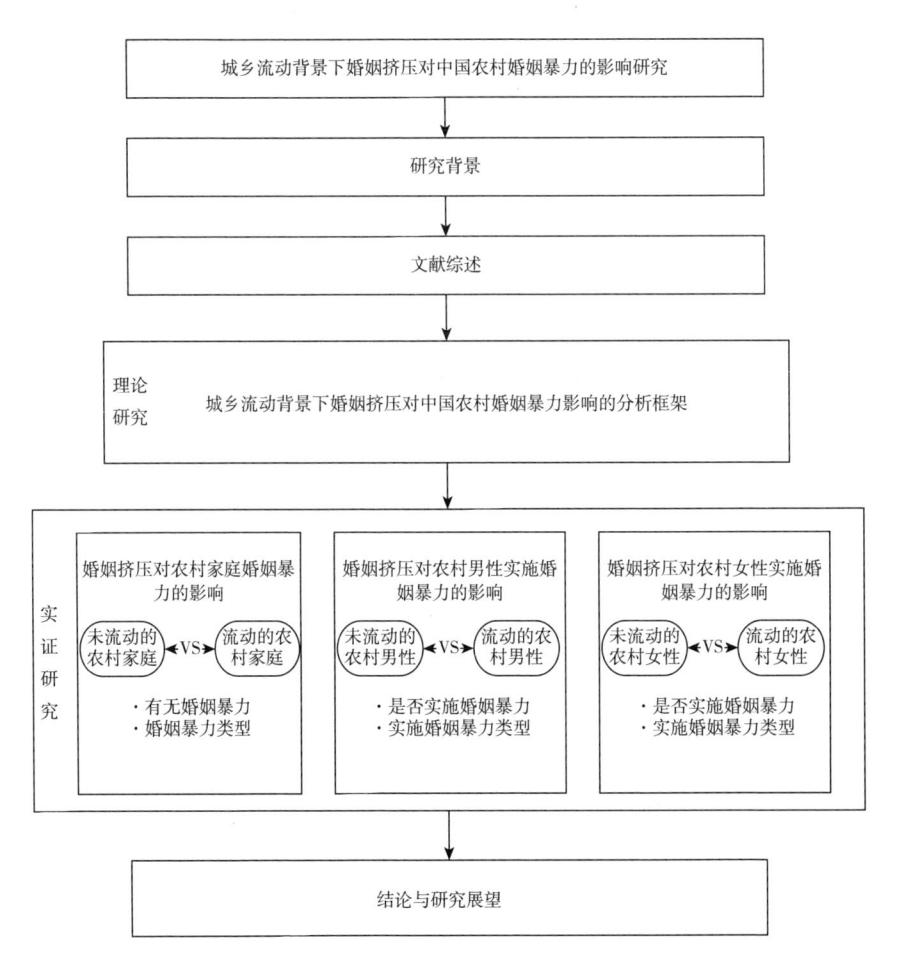

图 1-1 研究内容框架

五 数据与方法

本书使用的实证分析数据来自西安交通大学人口与发展研究所先后于2009年11月在福建省X市实施的"农村流动人口调查数据"、2010年1月到3月在全国28个省份（自治区、直辖市）的162个行政村进行的"百村个体调查数据"以及2010年第六次全国人口普查分县区数据。其中，"X市农村流动人口调查数据"主要用于分析婚姻挤压对流动的农村人口/家庭发生婚姻暴力的影响；"百村个体调查数据"主要用于分析不同的家庭流动模式对农村人口/家庭发生婚姻暴力的影响以及婚姻挤压对未流动的农村人口/家庭发生婚姻暴力的影响；"2010年第六次全国人口普查分县区数据"主要用于提供被访对象所在户籍地县区的出生性别比和结构性婚姻挤压信息。

本研究将管理学、社会学、人口学和统计学的研究方法相结合，采用文献分析法构建城乡流动背景下婚姻挤压对中国农村婚姻暴力影响的分析框架。本研究不仅考察微观层面的个体、家庭、流动因素对农村人口婚姻暴力的影响，也重点关注宏观（县区）层面社会文化规范和结构性婚姻挤压因素对中国农村婚姻暴力的影响。为了满足这一研究目标，有必要采用分层统计模型考察县区层次变量的组间差异。另外，结合考虑使用分层统计模型需要满足的条件要求。(1) 第一层样本量不少于30；变量数和样本量之间的比例不能小于1:10[37]。(2) 当组内相关系数 ρ 值大于0.059时，表明各组间数据异型性较强、数据具有层次结构，应该使用分层模型；反之，表明各组间数据同质性较强、数据不具有层次结构，可以忽视第二层次的结构效应，仅需使用一般的回归模型进行分析[38]。

因此，本研究采用分层Binary Logistic随机截距模型和分层Multi-Logistic随机截距模型对所有农村人口/家庭和目前未流动的农村人口/家庭的婚姻暴力发生状况进行分析，对目前正在流动的农村人口和农村家庭的分析则采用一般的Binary Logistic回归和Multi-Logistic回归分析。

六 章节安排

本书共分七章，具体安排如下。

第一章　绪论　介绍本研究的研究背景，提出本研究研究的问题并界定相关概念，明确研究目标和研究意义，提出研究思路和研究框架，介绍本研究的数据来源与分析方法，以及基本研究内容。

第二章　文献综述　从个人、家庭和宏观社会文化制度等层面对西方已有经典解释婚姻暴力发生的理论观点，以及国内外学者近40年的相关实证研究发现进行梳理与评述。在总结相关研究的基础上，指出本研究的研究空间。

第三章　分析框架构建　借鉴国外已有的相关理论和研究成果，结合中国的实际情境，提出适合解释性别失衡引发的男性婚姻挤压对当代中国农村婚姻暴力影响的分析框架。

第四章　婚姻挤压对农村家庭婚姻暴力的影响　分析不同类型农村家庭婚姻暴力的现状，比较分析婚姻挤压对未流动农村家庭和流动的农村家庭中发生婚姻暴力和婚姻暴力类型的影响，并对分析结果进行解释。

第五章　婚姻挤压对农村男性实施婚姻暴力的影响　分析不同类型农村男性实施婚姻暴力的现状，比较分析婚姻挤压对未流动农村男性和流动的农村男性实施婚姻暴力可能性和实施婚姻暴力类型的影响，并对分析结果进行解释。

第六章　婚姻挤压对农村女性实施婚姻暴力的影响　分析不同类型农村女性实施婚姻暴力的现状，比较分析婚姻挤压对未流动农村女性和流动的农村女性实施婚姻暴力可能性和实施婚姻暴力类型的影响，并对分析结果进行解释。

第七章　结论与展望　对本研究的研究结论进行系统总结并指出本书的主要贡献。以此为基础，结合具体的社会经济背景，给出实证研究发现的政策启示。最后对本研究的研究局限与进一步的研究方向进行讨论。

第二章
文献综述

　　学术界对婚姻暴力的定量研究始于美国新罕布什尔大学家庭研究室的默里·斯特劳斯（Murray Straus）和其同事于1975年进行的全国家庭暴力调查，随后发生在夫妻间的婚姻暴力逐渐引起学术界的广泛关注。西方学术界内来自社会学、心理学、女权主义、生态学、社会生物学、医学、流行病学以及犯罪学等不同学科的学者对婚姻暴力的测量与状况、婚姻暴力何以产生以及婚姻暴力导致的社会问题进行了持续深入系统的研究。本章首先分别对国外学者提出的影响婚姻暴力发生的相关理论以及国内外学者的相关实证研究发现进行梳理，其次就相关研究现状进行总结，明确本研究的努力空间。

一　婚姻暴力研究的相关理论

　　自20世纪70年代以来，发生在夫妻间的婚姻暴力逐渐成为社会学研究的重要议题。基于对过去近40年国内外学者在该领域的主要研究成果的回顾，发现无论是国外学者还是国内学者，婚姻暴力何以发生一直是该研究领域的核心问题。西方学术界来自社会学、心理学、女权主义、医学以及犯罪学等不同学科和流派的学者发展出不同的观点来解释婚姻暴力何以发生。

（一）心理学理论

　　心理学理论在早期研究中强调施暴者心理和精神的病态特征。人格障碍指个体的人格特征明显偏离了社会文化规范所期望的内心状态和互动行为的要求，所形成的异常人际互动行为模式无法适应周围环境，甚至社会功能发生冲突[39]。已有学者在分析个体如何处理亲密关系时，经常使用人格障碍。大量的研究者发现：具有人格障碍特征的人是施暴的高危人群。已有基于临床样本得出的数据发现，具有人格障碍特征的个体对伴侣实施暴力的概率高达80%~90%，并且具有严重人格障碍的施暴者容易由一时冲动变成习惯，会有恃无恐、变本加厉，而持续性、经常性地对伴侣实施暴力[40-45]；而在普通人群中，人格障碍作为影响施暴行为发生原因的比例也占到15%~20%[46]。后续较多学者的研究均发现，人格障碍是男性虐待妻子的主要原因，并且发现具有人格障碍的男性容易对伴侣重复性施暴。其中，Dutton基于"边缘型人格"而构建了"虐待型人格"，并阐述了具有"虐待型人格"特征的个体在亲密关系互动中的普遍行为表现：自身情绪和人际关系互动不稳定，容易因感到耻辱而发怒，责备对方；对配偶具有极强的控制欲和嫉妒心；对伴侣既充满极强的依赖感又充满敌意，当其对伴侣依赖的需求无法满足时，会表现出强烈的情绪反应，贬低、攻击或挖苦对方且怒气连连[47]。此外，心理病态人格被定义为人格障碍的一种类型，包括各种不同的人际和情感特点以及与社会的偏离行为。其具体表现为缺乏同情、自私、不停地自言自语以及强烈的控制欲的情感特征和对自身行为的不负责任、冲动、暴力或者具有攻击性，以及捉摸不定的行为方式[48,49]。就像Hare所叙述的，具有心理病态特征的个体是暴力侵犯者，他们可能会侵犯他们的伙伴，甚至是股票销售者[49]。在一项对于施暴者的心理功能的研究中，Gottman等人在对男性虐妻行为的研究中，建立了不同的心理反应模式，他们将其定义为"反社会型"虐妻和"冲动型"虐妻；并发现反社会型虐妻的施暴者具有高度攻击性、缺乏羞惭感、充满攻击性、极度的自我为中心、行为自制力差易受偶然动机驱使、行为的破坏性强的特征，冲动型虐妻的施暴者具有自制力差、情绪急躁易怒、容易冲动和充满攻击性的特征[50]。Edwards等人在研究中发现"反社会人格障碍"这个类似于但不同于心理变态的概念，能够更好地预测虐妻行为发生的指标；同情心和责任心是调节"反社会人格障碍"特征和是否发生施暴行为之间关系的关键变量[51]。近期也有学者研究发现"边缘型人格障碍"对预测女性施暴具有极强的作用，Zanarini等人发现具有恐惧被抛弃、害怕孤独、控制情绪和耐受挫折能力非常差的特征的个体容易实施暴力[52]。

近期的心理学研究指出施暴者的人格并无特别偏差，而是个人在认知和情感方面的缺陷导致他们很难控制内部或外部压力造成的心理紧张，使其容易施暴以释放内在的紧张。许多关于解释施暴者为什么实施暴力的理论和研究以及一些为施暴者设计的临床干预都强调自我控制感在家庭暴力中扮演的角色[53,54]。例如，很多研究认为婚姻暴力的发生一方面是基于在特定环境中自我感知的控制不足的回应，另一方面是为了获得在个体的社会环境中基本个人层面的控制[54-57]。此外，当施暴者在感知到自己对于他人的控制出现了危机和挑战的时候，这种想要控制他人的暴力行为最有可能发生[44,55,58]。这种观点就解释了在遭受暴力的女性尝试离开其伴侣和怀孕期间时，其受到的身体虐待行为就会进一步加强[59]。这种情况的出现可能会对男性的实际或是相对的对于女性和他们自身生活的控制权造成威胁。之前的研究表明当个体认为其对于伴侣的控制不足或者是他感知到的威胁来自其控制的同伴时就会对这群人造成情感抑郁[60]，尤其是对于那些有着较高控制欲的人来说更明显[53]。反过来，情感的抑郁就会引发暴力行为[60]。分居和离婚常常与家庭暴力的发起和升级相联系[59]。这种情况可能发生的一部分原因是男性感觉到对于控制欲的失去，因此暴力行为是一种重新取得控制的方式[60]。Stets 也基于冲突理论做出了类似的论断[61]。她认为：当人们感觉对自己的周围环境失去控制的时候，这就对他们自认为所拥有的掌控欲造成了威胁，而只有通过控制别人才能得到自我满足。在早前的研究中，Stets 发现控制伴侣的欲望是和人际侵犯相联系的[54]。相关的研究表明建立个人的控制很可能是跟暴力的使用相关联的。相关的家庭暴力中对施暴者的研究发现施暴男性通常将他们的行为归结于控制欲的缺失[62]。女权主义者认为男性施暴者是十分了解他们施暴的时机、地点和目标的。这就是说这些施暴者实际上能有效地控制自己的行为，只是将暴力当作一种行为工具[62]。这些未必是互斥情形。施暴者事实上可能是感知到对他们周围环境的一些元素几乎没有掌控权（例如失业），所以暴力行为只是作为在他们对某个事物失去控制时而要重新获取控制权的一种行为工具。

国外已有学者对肢体暴力和情感虐待型暴力（emotional abuse）[①]影响因素的经验研究发现，存在自卑、冲动、易怒、缺乏自我控制等暴力型心理特质的男性具有较强的攻击性，其实施情感虐待的可能性较高；并且具备这些不良心理缺陷越严重的男性在面对婚姻冲突时，更可能对妻子进行身体性攻击，甚至是既采用肢体暴力也采用情感虐待[63]。也有研究表明，施虐丈夫具有强烈的"对抛弃的恐惧感"，当他们感知到对伴侣缺乏控制或控制存在威胁时，会增加其情感压力[60]，这种压力极易触发其情感虐待行为的发生；尤其是对于那些控制欲望很强烈的人，其更倾向于实施肢体暴力，以得到控制和自尊感[53]。

　　国内已有基于心理学角度分析家庭暴力发生的研究也发现，施暴者具有多种不健康的心理特征，如沮丧、自我概念不明、不能忍受孤独和焦虑、易怒冲动、嗜酒、低自尊和攻击性，同时表现出强烈而不稳定的人际关系倾向和强烈的病态依赖[64]。医学界对婚姻暴力施暴者心理健康状况的研究也表明男性施暴者存在较高的心理问题，其具有抑郁度较高、人际关系敏感度高、精神压力高的特征[65]。李全彩对家庭暴力社会心理学成因的分析发现，施暴者由于害怕被家庭和妻子所抛弃，加之其自身性格孤僻、自卑等心理扭曲，他们往往采取谩骂、贬低、羞辱、殴打等办法摧毁妻子的自尊心，从而达到完全控制妻子的目的；受暴女性表现出习得性无助感，即当女性长期处于孤立无援的情景就会处于自我迷失的状态，这就造成施暴者对受暴者的精神控制，女性就更加逆来顺受[66]。已有对城市夫妻间婚姻暴力的研究发现，嫉妒在家庭暴力中扮演重要的角色，与我们日常感知不同的是，具有嫉妒心理的一方并非容易成为施暴者，而是更容易成为婚姻暴力的受害者。具体来说：与双方都不存在嫉妒心理的夫妻相比，夫妻双方都存在嫉妒心理，则其发生丈夫施暴和妻子施暴的概率分别是2.69倍和2.49倍；而仅仅是对方存在嫉妒心理时，则其发生丈夫施暴和妻子施暴的概率分别是2.88倍和4.34倍[67]。此外，叶长丽

---

① 这里需要补充说明，在国外婚姻暴力研究中，emotional abuse, nonphysical abuse, psychological abuse等概念的界定虽略有差异，但大多数情况下指"夫妻中一方采用非身体攻击的方式，对另一方的精神和情感造成伤害的暴力行为"，其表现形式和引发的后果与"冷暴力"相似。本书所借鉴的相关研究包含以上各种术语的研究。

对家庭暴力当事人心理情境的研究发现,刺激男性实施暴力的情景因素包括男性感到人格尊严受到侮辱、其在家中的权威角色遭到打击,其多疑、妒忌和专制的心理特征,女性的情感不忠或感情出轨,女性的言语攻击尤其是旧账新翻的言语模式,夫妻关系对抗中妻子的反抗都会激发男性的婚姻暴力行为[68]。

(二) 相对资源理论

相对资源理论主要通过强调夫妻间的资源对比来解释家庭暴力的发生。该理论观点认为,夫妻间掌握资源的不一致会导致夫妻间权力关系失衡,从而引发婚姻冲突和婚姻暴力;而当夫妻双方对彼此的资源依赖程度相同,处于夫妻权力均衡时,发生婚姻冲突、婚姻暴力的风险是最低的[69-71]。正如Coleman和Straus在美国进行的研究发现:当夫妻的家庭地位平等时,婚姻暴力的发生率是最低的;而无论是丈夫主导还是妻子主导的家庭中,婚姻暴力的发生率均较高;丈夫主导的家庭中婚姻暴力的发生率最高[69]。实证研究表明,夫妻相对资源分布的不均衡对婚姻暴力的影响不是线性的,而是呈现两种作用模式。作用模式一:当夫妻发生冲突时,资源多的一方实施婚姻暴力的可能性高。学者对此的解释是一方面是由于教育水平、职业阶层和收入为主的资源在家庭中象征着权力地位和控制力,拥有较多资源便意味着拥有更大的强制力和权力[72,73];另一方面,由于相对资源匮乏的受暴者处于依赖的位置,缺少充足资源反抗或者反抗的成本很高,在这种情况下,对施暴者而言,他们/她们几乎不会受到惩罚(比如受暴者的反抗),从而降低了施暴者实施暴力的成本[74]。作用模式二:当夫妻发生冲突时,资源少的一方实施婚姻暴力的可能性高。因为当他/她缺乏充足资源或者目前所拥有的资源不能帮助其实现希望的结果(比如控制对方)时,他/她更倾向于使用暴力或情感虐待,此时暴力或情感虐待就成为一种可供使用的资源,并且与情感虐待相比,肢体暴力是可以使用的最终资源[75,76]。

夫妻相对资源作为婚姻暴力发生的重要影响因素,在研究男性实施婚姻暴力的过程中,很多研究明确指出妻子自身拥有资源的匮乏不足以解释男性施暴的原因,关键因素是妻子对丈夫的资源依赖[56,77]。考虑到社会文化赋予男性"一家之主"的角色,很多学者认为丈夫在家庭中应该掌握更多的经济资源,强调对妻子的控制,并赋予其使用暴力来维持家庭支配性地位的"合法性"[66]。当夫妻间的经济资源配置模式违背传统的"男多女少",并威胁到男性在家中的主导地位时,会促使男性使用肢体暴力或情感虐待来维持其支配性地位[73,78-80],但是如果男性还有除暴力以外的其他的资源使用,那么夫妻间经济资源的差异就不会影响暴力的发生[76]。由此可见,夫妻相对资源的差距会影响男性实施婚姻暴力的可能性,无论男性所拥有的资源处于优势或劣势,都会增加他们对妻子的暴力。

一般地,研究者从夫妻相对受教育程度、夫妻相对职业阶层和夫妻相对收入水平等三个方面衡量夫妻相对资源[72,73]。

Kalmuss 和 Straus 在对美国庇护所中受虐女性的研究结果显示,当女性对丈夫的经济依赖(收入比例不足夫妻总收入的25%)程度越高时,其遭受严重肢体暴力的可能性也就越高,由于缺少充足的资源离开这种暴力婚姻,或者脱离目前婚姻关系的成本很高,她们通常会选择留下,从而陷于暴力婚姻[77];在对孟加拉国农村地区受虐女性的研究中发现,当女性有独立经济收入时,遭受暴力的风险会降低 1/3[81]。另外,经济贡献作为男性构建传统男性特质的重要手段,当夫妻间收入模式与文化规范相抵触时,会增加男性实施肢体暴力和情感虐待的风险[79,82]。国内学者王天夫在对城市夫妻间婚姻暴力研究中发现,当男性收入低于女性时,由于缺乏其他资源可用,男性更倾向于使用暴力来维持其支配性权力[67]。由此可见,无论男性的收入高于还是低于妻子,都会增加他们对妻子实施暴力的可能性。

职业是获取经济资源的重要途径和反映身份地位的重要指标。研究表明,对于夫妻双方都在外面工作挣取收入的现代家庭而言,就业可以为女性提供较多的经济资源,有了独立经济资源的保障,可以提升她们与配偶讨价还价和控制家庭资源的能力,有效缩减夫妻间的权力差距,从而降低丈夫实施暴力的可能性[83];但当妻子的职业阶层高于丈夫,威胁到传统文化赋予男性的主导身份时,就会增加丈夫施暴的可能性[80,84,85]。在实证研究中,已有学者指出不同社会阶层的男性在社会中建立"男性身份"的过程是存在差异的[79]。具体地说:中产阶级的男性更注重于在职业或经济上的成功；而处于社会底层的男性由于自身的权力欲望和控制欲在工作中得不到满足，其更倾向于在家中构建丈夫专权模式[53,86]，然而受自身资源（教育、职业）的限制，他们很难较多地超越妻子的社会地位[86,87]，因此，当他们发现自己的权力被挑战时，为了维持家庭权力主导地位，便更倾向于实施暴力[55]。当夫妻的职业状态为妻子有工作而丈夫没有工作时，由于严重违背了社会性别文化规范，丈夫实施暴力的可能性会更高，且更倾向于实施严重暴力[80,85]。由此可见，夫妻间相对职业阶层的差距对男性实施暴力具有显著影响。

夫妻间相对教育程度的差异也是影响婚姻暴力发生的一个因素，但以往的研究给出了不同的研究结果。有学者指出，在西方社会文化情境中，夫妻双方社会经济属性的差异尤其是夫妻双方受教育程度的异质性容易引发婚姻暴力[79]。实证研究表明，夫妻受教育程度相同时发生婚姻暴力的可能性最低，无论丈夫受教育程度高还是妻子受教育程度高的家庭中，婚姻暴力的发生率均较高。在父权文化主导的社会，当妻子的受教育程度高于丈夫时，会让认同"男高女低"式夫妻组合的男性产生不满，刺激其实施婚姻暴力[88,89]。尤其是当男性没有在其他方面比妻子掌握更多的资源或技能以保证其在婚姻中的相对优势地位时，便会实施肢体暴力以缓解妻子的教育优势对其在家庭中主导地位的威胁[90]。在对埃及受虐女性的研究中发现，当妻子的受教育程度明显低于丈夫时，丈夫实施肢体暴力的可能性会更高，并且妻子对这种暴力的容忍度较高[91]；国内研究发现，当农村男性的受教育程度明显高于妻子时，则有更大的概率在冲突时使用肢体暴力[92]。也有研究发现，当妻子的受教育程度高于丈夫时，丈夫实施暴力的可能性会增加[72,93]。但有些学者的研究表明即使妻子的受教育程度明显高于丈夫，也不会增加丈夫施暴的可能性[79,94]。由此可见，受教育程度作为影响经济资源获取的重要途径，夫妻间相对教育资源的差异可能会导致夫妻间经济资源的差异，从而影响男性实施暴力的可能性。

在研究女性施暴的过程中，学者指出，与男性相比，即使女性资源拥有量明显少于丈夫，也不会为了增加权力地位而实施暴力[55]。因为社会文化没有赋予女性担任"家中经济支柱"的重任，也没有赋予女性通过暴力来实现"女权专制"的合法性，所以她们没有使用暴力来获取资源和权力的必要性[95]。很多有关女性实施婚姻暴力的研究表明，女性使用暴力更多的是为了自卫[87,96]，尤其是对于资源匮乏的女性而言，由于其脱离暴力婚姻的可能性很低，所以她们更可能为了自我保护而实施暴力。受中国传统文化倡导的女性对丈夫"三从四德"以及"贤妻良母"的观念的影响，即使女性拥有的资源多于丈夫，由于社会文化没有赋予女性"家中统治者"的性别角色，也没有赋予女性"打老公"的合法性，所以她们没有必要使用暴力[95]。国内在对一般家庭的研究中也发现，即使妻子所掌握的资源明显高于或低于丈夫，都不会增加其实施肢体暴力的可能性[67,92,97]。

（三）夫妻情感关系

人是有感情的，一个人对配偶的情感会对其婚姻生活中的行为产生影响。婚姻暴力作为夫妻互动的一种行为不仅受经济资源的影响，也会受到夫妻间情感关系的影响，目前已有很多学者在研究婚姻暴力时非常重视将其置于夫妻关系中考察。其中，关于婚姻满意度如何影响婚姻暴力已有较多的研究和发现，直观上来讲，婚姻满意度和实施婚姻暴力应该是负相关关系，即婚姻满意度低的夫妻，更容易发生婚姻暴力[98]。

在研究男性实施婚姻暴力的过程中，很多学者将婚姻满意度作为婚姻暴力发生的重要预测指标[94]。研究结果也证实，当男性的婚姻满意度越低，其实施肢体暴力的可能性就越高[98]。学者对此给出的解释是，对于施暴男性而言，不满意的婚姻本身就是一种压力[99]，并且当是由于妻子自身的原因使男性对婚姻不满意时，他不只会施暴，而且还会认为这是理所当然的[100]。西方学者的经验研究也发现，婚姻满意度作为男性实施婚姻暴力的重要风险预测因素，区分开了那些实施肢体暴力（包括既实施肢体暴力也实施情感虐待）和没采用肢体暴力而只实施情感虐待的男性，表现为婚姻满意度越低的男性越倾向于实施肢体暴力[63]。但也有研究表明，婚姻满意度对男性是否实施暴力没有显著影响[101]。国内对城乡一般家庭的研究发现，男性对女性的肢体暴力更倾向于发生在婚姻满意度低的夫妻之间[26,102]，尤其是当男性有离异倾向时，实施肢体暴力的概率是无离异倾向男性的 2.69 倍[92]。已有对农村流动人口家庭中婚姻暴力的研究发现，当男性对婚姻不满意时，会采用肢体暴力解决夫妻冲突以凸显其对婚姻的不满,而不会只采用冷暴力[103]。

对女性实施婚姻暴力的研究指出,婚姻满意度对女性实施婚姻暴力影响的结论是一致的:当丈夫的行为让妻子很生气时,婚姻满意度越低的妻子,实施肢体暴力的可能性越高[104,105]。国内对城乡一般家庭的研究发现,婚姻满意度对女性实施肢体暴力没有显著影响[92]。但已有对农村流动人口家庭中婚姻暴力的研究发现,当女性对婚姻不满意时,不仅会增加其采用肢体暴力解决夫妻冲突的可能性,还会刺激其实施冷暴力的可能性[103]。

(四) 压力理论

压力理论认为婚姻暴力是施暴者释放或发泄压力的表达方式。该观点强调外在的压力源影响个体的心理健康,引发个人内在心理的失衡,当失衡或压力不断增大时,容易引发个体实施婚姻暴力。这一理论的前提是挫折—攻击(Frustration-Aggression)模型的假设,即个体所掌握的有限社会经济资源无法排解紧张的压力时,暴力行为则成为释放内在压力和沮丧的表现形式,表现在已婚夫妻间则是婚姻暴力行为的发生[67,106]。

英国社会工作者协会于20世纪70年代中期进行的调查报告显示:恶劣的经济条件、收入低下、糟糕的住房条件或住房困难,男人面对不如意的工作环境和面临高风险的失业状况,高校毕业生面对紧缺的工作机会等现实都很容易使个人感到绝望和走投无路,也有可能导致暴力行为的发生[107]。

根据压力源的层次,我们可以将压力源分为宏观层面的结构类压力源(如阶层结构、社会经济地位、性别结构、种族结构等)和微观层面的生活事件类压力源。生活事件压力被定义为一些相对离散的生活事件或生活经历,超过个人所掌握资源可以应对解决的范围,会对个体的心理和身体健康构成负面威胁或伤害[108,109]。早期精神病理学家认为一些生活压力事件,如家庭成员生病或死亡、工作压力等会导致个体出现心理紧张,进而诱发心理疾病等问题[110]。根据压力来源场域的不同,我们可以将生活事件类压力分为工作场域中的压力(如工作紧张/强度高、工作不稳定、收入降低等),家庭中的压力(比如贫困、分离、糟糕的夫妻关系、婚外恋等),或其他人际关系(如搬到一个新的住所)。还有一些其他类型的压力,包括日常琐事(例如还款压力)和慢性压力(如种族歧视、家庭成员的慢性疾病),所有这些都可能对个体的身心健康产生负面影响[111-113]。

Farrington 是较早认为压力会对婚姻暴力产生影响的学者,他认为婚姻暴力是家庭所承受的压力超过自身资源的情况下所积累的压力爆发的结果[114]。具体地说,每个家庭根据拥有的应对压力的资源(如以往应对类似压力的经验、沟通技巧、家庭中个体成员的应对能力和智力、教会等)会采取不同的应对压力的方式。当家庭中这些应对压力资源较匮乏时,处于高压环境中的家庭极容易发生婚姻暴力。正如社会结构理论观点指出的,婚姻暴力在社会中的分布并非是均匀的,其更多地发生在社会经济地位较低的群体中,表现为夫妻年轻的、受教育程度低的、收入低的家庭更容易发生婚姻暴力[115]。此外,Cano 和 Vivian 通过对前人相关实证研究的梳理发现抑郁症、对婚姻暴力的支持态度、童年期目睹父母间发生婚姻暴力的经历、酗酒等因素会调节生活压力对婚姻暴力的影响,或者是影响生活压力对婚姻暴力的中介变量[111]。

已有的经验研究发现经济压力对夫妻间的两性关系具有非常显著的影响。比如经济压力会降低家庭满意度,对家庭功能和家庭关系有重要影响[116]。Kinnunen 和 Pulkkinen 使用结构方程对经济大萧条时期 250 位芬兰人婚姻质量的研究发现,因工作状况不理想造成的经济压力会对男性的心理健康造成负面影响,增加他的抑郁度以及在婚姻互动中对妻子的敌意,从而降低婚姻质量[117];对女性而言,贫困的经济环境、不稳定的工作会对自身的心理健康、婚姻互动中对丈夫的敌意以及婚姻质量产生直接影响,从而导致婚姻和家庭的失调以及其他的家庭问题。研究学者对经济压力对婚姻暴力的影响的关注主要从有无工作、工作时间长度和收入等几个方面展开[118,119]。具体表现在以下几个方面。

已有关注工作状况对婚姻暴力影响的研究发现:当丈夫没有工作时,其实施婚姻暴力的可能性最高;当男性的工作时间很长时,会降低其在家中待着的时间以及使用婚姻暴力的机会,但是高强度的工作会增加男性本身以及其伴侣的压力,从而增加婚姻暴力的发生[118]。但是女性的外出就业状况对遭受婚姻暴力的影响尚未达成一致,有些学者认为女性外出就业一方面可以保证其在工作时间不会遭受婚姻暴力,另一方面外出就业使女性离开家庭,与外界保持联系可以为遭受婚姻暴力的女性提供紧急庇护的保障;但也有研究发现女性就业会增加其遭受婚姻暴力的可能性,比如当妻子工作赚取的收入对缓解家庭经济压力具有必需的作用[120],或者妻子有工作而丈夫没有工作时间[80]。

已有关注收入对婚姻暴力影响的研究发现,低收入和贫穷引发的压力对男性实施婚姻暴力具有最强烈和最稳定的影响[121-123]。对家庭财政保障是否充足的考虑不应只考虑单一的家庭绝对收入,还应考虑家庭的规模和家庭人口构成等因素对家庭的经济需求的影响。家庭中夫妻对经济安全和金融福利的计算可以强有力地预测夫妻间冲突和养育子女的压力程度[112,124]。

(五)社会文化理论

女权主义理论与社会性别文化理论从宏观文化制度层面强调社会性别制度和社会性别角色规范对婚姻暴力的影响,认为在"父权文化"盛行的制度环境下,性别关系不平等的社会角色规范支持男性实施婚姻暴力,并赋予该行为"合法化"[56]。其中女权主义理论主要负责回答男性和女性为什么实施婚姻暴力,而社会性别文化理论主要回答为什么社会公众会支持或者说可以容忍男性采用婚姻暴力的方式来控制女性。暴力循环理论强调个体成长过程中生活的家庭小场域中文化规范对个体施暴行为的影响,是社会文化在家庭中社会化的体现。

1. 社会性别文化理论

社会文化视角强调婚姻暴力是社会各种文化规范和制度的产物,社会文化准则和价值观念中对婚姻暴力、男性气质和女性气质的界定成为婚姻暴力发生的主要因素。社会中存在不同的社会性别文化规范,男性和女性从儿童期就会根据社会文化传统对不同性别角色的规范要求开始进行不同的性别角色社会化。如鼓励男性坚强、个人主义、控制他人、攻击性和战胜敌人;要求女性要温顺、柔弱、服从和牺牲[125]。在社会化的过程中,个体会受文化环境对社会性别关系定位的影响,养成固定的性别角色观念,并在这个性别角色观念的影响下处理两性关系。如果社会文化规范存在不平等的社会性别关系,这种性别社会化的结果之一就是养成一种根深蒂固的男女不平等的性别观念，对这种男性应当位于"支配"、"控制"、"主导"以及"凌驾于女性之上"社会性别地位的认可也成为我们社会当前对男性实施婚姻暴力保持暧昧和宽容态度的主要原因[56]。

在西方社会文化中，社会文化规范允许丈夫对妻子使用暴力，男性在其社会化过程中学会了使用暴力，而女性则被教化成暴力的牺牲品。比如西方社会一度流行的所谓"大拇指规则"，即当妻子有过错时，丈夫可以对妻子进行肢体暴力惩罚，但所用的棍子不能粗过丈夫的大拇指。正是种种类似的文化习俗，构建了丈夫对妻子的特权[115]。

中国的社会性别文化深受儒家父权文化规范的影响，该文化规范在很大程度上贬低了女性[126]，使其很容易成为婚姻暴力的攻击对象[56,127]。比如传统父权文化中的"三从四德""贤妻良母""女子无才便是德""夫为妻纲"对女性一生的道德、行为、修养进行了严格规范要求，倡导"男尊女卑"，以维护家庭父权制的稳定。其中，所谓"未嫁从父，出嫁从夫，夫死从子"的"三从"更是深刻地传递出社会文化对父权制的维护，宣扬女性对男性的服从和顺从。尤其在婚姻家庭中，传统父权文化衍生的"男主外，女主内"的性别角色意识期望男人扮演工具性角色，能够赚钱养家，同时要求女人扮演表达性或支持性角色，能够勤俭持家，并专心教养子女。这一角色分工使得丈夫在家庭事务中始终处于决策者的地位，并且长期经受父权文化的洗礼，使得他们相信自己拥有使用婚姻暴力的特权以维护"一家之主"的地位，维持家庭的稳固[95]。

2. 女权主义理论

Bograd 定义的女权主义研究者提出的两个基本问题是：男人为什么打他们的妻子；为什么一般男人对他们的亲密伴侣使用肢体暴力，以及暴力行为在既定的历史情境下具有哪些功能[62]。女权主义理论强调从性别关系的基础上分析和认识所有的社会关系，在对女性遭受婚姻暴力的解释方面，他们的意见并不一致，至少有社会主义女权主义观点（又被称为马克思主义女权主义）、激进主义女权主义观点、生态女权主义观点和人权女性主义观点[128]。根据社会主义女权主义/马克思主义女权主义的理论观点，婚姻暴力的根源为性别劳动分工产生的父权统治，强调父权的社会经济政治制度将妇女排斥在公共生活之外，使女性被迫留在家庭领域中承担照顾家庭的角色,而丧失外出工作获得经济独立的机会和权利;而相应的传统文化和法律制度支持男性拥有更多的资源和更高的权力地位,以及其对女性在家庭中的权威控制[129]。女权主义的拥护者认为男性实施婚姻暴力是为了维护其在家庭中的优越地位,而女性实施婚姻暴力则是为了自我防卫[44]。女权主义者通常认为女性在婚姻暴力中是弱者和受害者,主张对施暴者采用强有力的逮捕政策和干预,而非治疗(治疗意味着不平等的社会性别意识形态不是婚姻暴力发生的主要责任方)[127]。

女权主义研究范式对婚姻暴力的研究需要放在特定的社会性别规范和性别权利结构关系的分配框架中进行,需要考虑社会文化中男女两性整个社会地位的差异,认为社会中的资源主要由男性控制,女性实施婚姻暴力始终出于本能防御的需要和被动的反应。按照这种观点,当女性是煽动者时,这是一个先发制人的打击,旨在煽动不可避免的男性攻击[130,131]。相比之下,男性实施婚姻暴力则是不同的语境,总是归结为一个更广泛的社会议程。比如那些自认为很成功的丈夫,当工作或生活没能如愿地实现他的梦想或者证实他的成功,使其不能从妻子处得到成功的满足感时,自感社会地位缺失的丈夫会产生失落和自卑感;在这种情况下,如果他是一个男权至上的拥护者,认为男人应该是一家之主时,那么他的男性至上的性别意识观念和他自尊所受到的现实伤害间的矛盾会刺激他通过暴力行为来统治自己的妻子,以满足其家中的主导地位[128]。正如 Dobash RE 和 Dobash R 提出的"丈夫殴打自己的妻子其实是其所生活的西方社会文化规范和制度的产物,该文化推崇和鼓励男性的攻击性、男性主导以及强调女性对男性的从属,男人实施婚姻暴力是其控制女性的策略工具和手段,以强制执行其在家庭和社会中的主导地位"[56]。

Serran 和 Firestone 声明我们所生活的社会中,几乎每一个主要研究都接受或忽略性别不平等的问题,并且现存的法律和父权等级的文化赋予丈夫殴打妻子和控制妻子行为的合法化,这些均导致男女两性间不平等的权力关系[132]。事实上相当多的证据表明,西方社会有较强的社会禁令禁止男性对妇女的侵略和供给[133,134],对妻子实施暴力的男性会受到法律制裁[135]以及存在更少的社会禁令抑制女性对男性的攻击和侵略[122,135]。此外,也有大多数据表明,虽然女权主义者准确地描绘了滥用亲密猎獗的关系，但事实上双方相互实施婚姻暴力则是更常见的情况[136-139]。

3. 暴力循环理论

暴力循环理论又被称为"代际间暴力传递理论"，该理论主要关注个体如何从童年期目睹父母间实施婚姻暴力的经历或者自身遭受父母体罚的经历中学习使用暴力。该理论认为婚姻暴力具有代际传递（intergenerational transmission）的特性，暴力行为是由施暴者从儿童时期生活的暴力家庭中习得的[123]。

多数学者的经验研究也表明，一方面童年时代有过目睹父母间的暴力行为经历或遭受过父母体罚等受暴经历的孩子容易表现出焦虑、抑郁、消极、攻击性强的特性，即具有施暴者中常见的愤怒情绪控制缺陷特性。另一方面，这样的儿童很可能没有机会在父母身上学习如何将冲突控制在可控范围内或者如何使用非暴力形式解决冲突，这些机会的缺失容易大大增加其在成年后对伴侣实施暴力的可能性，并且目睹父母间婚姻暴力行为经历对其实施婚姻暴力的影响远远大于自身童年期遭受过暴力经历[44,140,141]。但也有学者得出不同的研究发现，如 Simons 等采用结构方程模型的方法对约会暴力的实证研究发现，社会学习理论解释力仅为 1% 且不显著，即童年期有过目睹父母间实施婚姻暴力经历的个体没有显著影响其实施亲密关系暴力的可能性[142]。

由此可见，暴力循环理论将研究的重点放在家庭结构特征中，该理论认为家庭中的暴力行为会直接传递给下一代，由此形成一个暴力不断再生的恶性循环。该理论的逻辑思路是如果个体童年时生长在充满暴力的家庭中，他们一方面没有机会学习使用非暴力的方式解决冲突，另一方面他们在不断的耳濡目染中可能会认为使用暴力的手段解决冲突是合理和被鼓励的，从而使得他们在成年后使用暴力的方式处理自己面临的婚姻冲突。换句话说，该理论强调个体成长过程中生活的家庭小场域中文化规范对个体施暴行为的影响。

（六）对相关理论观点的评述

心理学理论主要关注个体的人格心理特征对实施婚姻暴力行为的影响，该理论的支持者认为具有自卑、缺乏自我控制能力、矛盾性依赖、多疑、充满妒忌心甚至心理变态等不良心理健康状态的个体无法控制自己的行为，容易采取暴力这种较为激烈的手段解决冲突。该理论将暴力行为仅看作个人的"变态"行为，忽视了婚姻暴力是一个复杂的社会问题，忽视了除了个体心理学因素以外的个人社会属性、家庭和社会文化等因素也会影响暴力行为。

相对资源理论和夫妻情感关系将婚姻暴力视为一种特殊的夫妻互动，并从夫妻双方资源分配模式以及在此基础上形成的权力关系的角度解释婚姻暴力的发生。其中，相对资源理论认为一个人是否实施暴力取决于两个方面：第一，是否有足够的资源来承担暴力产生的不良后果；第二，实施暴力是否可以给施暴者带来收益。当具备了上述两个条件中的任何一个时，个体实施暴力的可能性都会增加。无论哪一种作用模式，该理论都过度强调了婚姻暴力的经济利益驱动性，将婚姻中的夫妻看作"经济人"，忽略了人是有感情的。而夫妻情感关系则将婚姻中的夫妻看作"感性人"，重点考察了一个人对配偶的情感会对其婚姻生活中的行为产生影响。

压力理论将婚姻暴力看作个人释放内在心理紧张或压力的表达方式。该理论强调当个体或家庭掌握的资源无法应对外在环境中的压力和挑战时，会引发个体内在心理的失衡；当失衡或压力出现时，容易引发婚姻暴力。换句话说，这个理论观点将婚姻暴力看作因外部压力造成的高度内在心理紧张的外在表现形式，当施暴者面临某些无法控制的压力源时，其会采用暴力的手段以释放内在的紧张和发泄压力与愤怒。

社会文化理论将对婚姻暴力发生原因的理解置于更广泛的社会文化场景和历史情境中来考察，强调社会性别文化规范和制度在婚姻关系和家庭生活中的渗透。这三种理论均将婚姻暴力看作不平等的两性关系在家庭生活中的反映和体现。其中女权主义理论认为婚姻暴力的重要功能是实现男性对女性的控制；社会性别文化理论强调男女两性如何在社会性别文化规范的社会化过程中认可和支持包容男性采用婚姻暴力行为来控制女性，而不能认同和接受女性对男性实施婚姻暴力；暴力循环理论强调个体成长过程中生活的家庭小场域中文化规范对个体施暴行为的影响。

二 婚姻暴力的经验研究

（一）个人特征因素

1. 性别

有关男女双方在婚姻冲突中是否有同样的概率实施暴力一直是国外婚姻暴力研究中持续时间最长、最为激烈的争论之一[29,131,143-148]。但一方面由于家庭生活自身的私密性，很难取得夫妻实施暴力的准确统计数据；另一方面，婚姻暴力类型测度（有的包括肢体暴力、性暴力和情感虐待，有的仅包括肢体暴力）、调查对象（有的是一般家庭夫妻，有的则是来自家庭暴力庇护所或警察局中的受害者）、数据收集方法（有的是自我报告，有的是他人报告）的不同，使得婚姻暴力性别分布的差异性未得到一致性结论[93,144]。在1985年的全美国家庭暴力调查中，12.1%的女性和11.3%的男性报告在过去一年中对配偶实施过肢体暴力[29]。国内对农村和城市的研究表明，虽然存在女打男的现象，但男打女的比例明显高于女打男的比例[67,92,97]。李成华和靳小怡对农民工实施婚姻暴力的研究发现：女性农民工实施婚姻暴力的比例明显高于男性农民工；从具体使用暴力的类型来看，虽然女性农民工实施冷暴力的比例明显高于男性农民工，但男女实施肢体暴力的比例相当[103]。

此外有学者认为根据夫妻中实施暴力的动机将发生在夫妻间的婚姻暴力区分为四种不同类型[145]，分别为普通的婚姻暴力（Common Couple Violence）、族长式威吓（Patriarchal Terrorism）、抗拒式/自卫式暴力（Violent Resistance）和相互的暴力控制（Mutual Violent Control）。实证研究发现这四种不同类型的暴力的发生也存在性别差异。具体体现在以下几个方面。

普通的婚姻暴力。Johnson认为普通的婚姻暴力通常爆发于夫妻中一方或双方处于冲突失控的情境中[145]。其在后续的一系列的实证研究中发现与族长式威吓相比，该种类型暴力更为普遍，且容易以夫妻双方施暴的形式出现，存在施暴的性别对称；但随着时间的积累，暴力的频率和程度不容易升级，很少会制造出异常严重的、危及生命的后果[149,150]。

族长式恐吓。族长式威吓通常被认为是社会父权文化的产物，导致男性想要去控制"他们的女人"。该种暴力类型不仅涉及传统的肢体暴力，也涉及情感虐待、经济虐待等其他类型的控制行为[151]。与普通婚姻暴力相比，随着时间的推移，其暴力的频率和严重程度会不断升级，且受暴者较少予以反击，从而有双倍的可能性受到伤害[145]，有四倍的可能性多次离开丈夫[150]。Kirkwood的研究发现当丈夫对其妻子实施情感虐待时，女性的自我评价、人生价值观等会发生逐步的改变[152]。已有关注心理虐待对女性心理健康的影响的研究也发现长期遭受心理虐待的女性容易变得情绪低落，并且困限于暴力关系中[153]。

抗拒式/自卫式暴力。抗拒式/自卫式暴力主要发生于双方都具有暴力性的夫妻中，而抗拒的一方几乎常常是女性，她们实施抗拒式/自卫式暴力并不是为了控制配偶而是为了自我保护[154,155]。也有学者指出当妻子实施抗拒式/自卫式暴力时，意味着其即将离开施暴的丈夫[156]。

相互的暴力控制。相互的暴力控制主要发生在两人都具有控制特征和暴力特征的伴侣间，该种暴力在特定的情景下可以视为两种族长式威吓，但这种形式的暴力较少发生[157,158]。

2. 年龄

国外已有学者研究发现，年龄对个体实施婚姻暴力可能性的影响呈现两种作用趋势。Dobash RE和Dobash R通过对妇女庇护中心等婚姻暴力干预机构中受害群体的调查发现，婚姻暴力一旦开始就会不断地升级和持续，年龄越大实施婚姻暴力的可能性和严重程度均越高[56]。但是由斯特劳斯和其同事在1975年和1985年所做的美国全国范围的家庭暴力调查发现，18~30岁是婚姻暴力的高发期，过后随着年龄的增长，其实施婚姻暴力的可能性会逐渐降低[29]。

国内已有对农民工实施婚姻暴力的研究发现：30岁以下的年轻女性农民工和男性农民工均容易实施婚姻暴力；从具体使用暴力的类型来看，虽然年轻的女性农民工更容易实施冷暴力，但年轻的男性农民工更容易实施肢体暴力[103]。王向贤对一般家庭婚姻暴力的研究则发现年龄对抑制男性实施肢体暴力具有显著的降低作用，但对女性则没有显著的影响[97]。王天夫对城市夫妻间肢体暴力冲突的研究发现，年轻的夫妻有着更高的婚内暴力冲突概率[67]。胡俊琳对城乡家庭中肢体暴力发生率的研究发现，年龄对男性和女性实施婚姻暴力均具有显著的抑制作用，其中男性年龄每增加 1 岁，其在发生争吵时向伴侣施暴的概率就会减少 9 个百分点；女性的年龄每增加 1 岁，其实施婚姻暴力的概率就会减少 8 个百分点[159]。蔡鑫对当代中国婚姻暴力城乡差异的研究发现，无论是农村夫妻还是城市夫妻，随着年龄的增长，发生婚姻暴力的可能性都会逐渐降低，婚姻暴力多发生在年轻夫妻中，尤其是 30 岁以下的比例最高[160]。

3. 教育和收入

已有对一般家庭婚姻暴力的研究发现，教育和职业地位较高的男性使用家庭暴力的可能性更低，其中受教育程度较高的男子往往较少地使用肢体暴力解决婚姻冲突，而女性是否实施肢体暴力则与其受教育程度无显著关联[92]。也有学者研究发现经济压力对男性实施婚姻暴力具有显著的刺激作用[159]。王天夫对城市夫妻间肢体暴力影响因素的研究也发现，丈夫的受教育程度越低，其对妻子实施婚姻暴力的可能性越高，但对其遭受婚姻暴力则没有显著影响；当妻子的收入高于丈夫时，其个人收入每增加 10 个百分点，遭受丈夫施暴的概率便增加 31 个百分点[67]。

蔡鑫对当代中国婚姻暴力城乡差异的研究发现：城市女性受教育程度越高越容易遭受婚姻暴力，而城市男性的受教育程度与其实施婚姻暴力解决夫妻冲突的可能性则没有显著性关系；相比之下，农村人口受教育程度的提高既可以降低女性成为婚姻暴力受害者的可能性，也可以降低男性成为婚姻暴力实施者的可能性。城市夫妻双方的职业与收入对婚姻暴力的发生没有显著影响；独立的经济来源有利于保护农村女性免受婚姻暴力，从事非农职业的男性更容易实施婚姻暴力[160]。

（二）婚姻家庭特征因素

国外的大量经验研究发现处于社会底层经受各种社会经济压力的家庭更多地发生婚姻暴力[161,162]。国内学者对城乡夫妻间肢体暴力发生率的研究发现，家庭经济压力对男性和女性单方实施婚姻暴力均具有显著的影响，但对夫妻双方相互实施婚姻暴力则没有显著影响；尤其对女性而言，每当家庭中多增加一种严重的经济困难事情，女性施暴的概率就会高出 2.2 倍[159]。

王天夫对城市夫妻间肢体暴力影响因素的研究发现：妻子的收入比例对丈夫实施婚姻暴力可能性的影响模式非线性而是呈现曲线型。其表现为，当妻子的收入少于丈夫时不会显著影响丈夫施暴的概率，基本保持在8%左右；但当妻子收入超过丈夫时，其占夫妻共同收入的比例越大，妻子也越容易成为婚姻暴力的受害者。[67]

胡俊琳对城乡夫妻间肢体暴力发生率的研究发现，妻子的收入占家庭总收入的比例超过56%时，其遭受婚姻暴力的概率是在这个值以下的3.85倍；但夫妻间收入的比例对女性实施婚姻暴力则没有显著影响。在夫妻互动方面，当妻子先提出分居/离婚时，会刺激其遭受婚姻暴力的概率是没有先提出分居/离婚女性的6.6倍。在婚姻持续时间方面，当夫妻关系每多增加1年，发生夫妻相互施暴的概率会减少4.5个百分点[159]。已有对湖南省某农村地区婚姻暴力的研究发现：农村女性受暴总体高于男性，家庭规模的扩大与家庭关系满意度的提升会降低男性遭受家暴的可能性[163]。

肖洁、风笑天、马春华的研究均发现夫妻间的暴力呈性别对称现象，夫妻双方遭受暴力的路径模式类似，即只有夫妻权力关系平衡时，婚姻暴力才能得到有效制止[164,165]。

(三) 父权文化因素

父权制一般被认为由两个方面组成：一是男性主权的社会结构，即与女性相比，男性在社会中所有领域均享有特权，占据主导地位；二是父权意识，即认同这种社会性别关系的意识[166]。有些学者将父权制区分为父权制社会和家庭父权制[167]。父权社会强调主要男性在经济上及社会关系上占支配地位的制度。在父权社会中，男性拥有合法的文化权限对女性实施控制。这一权限有时甚至允许当男性感受其应享有的主导地位受到威胁时，可以对女性实施暴力、强奸甚至杀害的行为[168]。家庭父权制指男性在家庭中占据主导地位。家庭父权制认为父权意味着妻子对丈夫的顺从、尊重、忠诚、依赖，实证研究表明当妻子的实际行为违背这些原则时，丈夫会倾向于实施婚姻暴力[56]。

在大多数的西方社会中，尽管粗暴的性别不平等已经消失，但是法律不会对男性实施婚姻暴力的行为进行制裁，大多数女性仍然需要依附于男性，女性也依然是婚姻暴力的受害者[169-171]。Dobash RE 和 Dobash R 通过对苏格兰妇女庇护中心 109 位受虐女性的深度访谈发现，这些女性遭受婚姻暴力的主要原因是她们的态度和行为不符合丈夫心目中理想的和期望的"好妻子"[56]。所谓的"理想和期望的好妻子"的衡量标准主要包括满足丈夫作为一家之主的需求、做好家务和谁掌管家庭的财政大权等。妻子被丈夫怀疑有了外遇、被认为过于独立或过于被动依赖、控制欲太强或太胆小懦弱以及没有教育好子女等均会成为丈夫实施婚姻暴力的理由，且丈夫认为这些情况是由妻子挑起事端，理所应当受到惩罚。但也有学者的研究发现，夫妻双方的父权文化意识的一致程度会对婚姻暴力的发生产生显著影响，当夫妻双方的父权文化意识相同时，发生婚姻暴力的可能性较低[172]。换言之，如果丈夫是一个大男子主义者，但女方也拥护男方的这一性别角色观念，那么只就性别角色观念而言，双方可能就不会发生婚姻冲突和暴力。但也有学者指出，无论夫妻双方对父权文化认可程度的一致性如何，丈夫专权的家庭发生婚姻冲突的程度最高[69]。

已有学者对西方发达国家中社会性别结构不平等、两性间的不平等和妻子遭受暴力可能性间关系的研究发现：在女性拥有较高社会地位的州，丈夫主导的家庭中更容易发生女性遭受婚姻暴力的情况[62]。学者对此的解释是男性主导的家庭中，丈夫被认为应该掌握家庭中更多的经济资源，以实现对妻子的控制。然而当夫妻间的权力分配格局违背传统的"男高女低"或"男主女从"的模式，威胁到男性在家中的主导地位时，会促使男性使用暴力来维持其家庭支配性地位[62]。Yllö 和 Straus 在随后关注社会性别结构不平等、父权规范意识和妻子遭受暴力可能性间关系的研究中发现，宏观层面社会性别结构的不平等没有显著影响妻子遭受婚姻暴力的可能性；但是微观层面男性的个人父权意识越强，其对妻子实施婚姻暴力的可能性越高[62,173]。Smith 通过对加拿大多伦多一般女性的遭受婚姻暴力的研究也发现，传统父权意识越强烈的男性对妻子实施婚姻暴力的可能性越高，并且受教育程度越低、职业地位越低、收入越低的男性越拥护传统的父权文化体制[168]。

已有对南亚地区巴基斯坦女性遭受婚姻暴力的社会文化情境的研究发现，在巴基斯坦，大多数女性是在父权制规范的社会文化情境中长大的[174]。在她们社会化的早期阶段，女孩被教导顺从和服从他们的男性监护人，母亲也会根据夫权制的文化规范所期待女性扮演的性别角色要求来培养自己的女儿[175-177]。通常情况下，女孩还会通过观察父亲和母亲之间的"适当"性别角色关系，以完成在家庭场域中的社会化。在这一过程中，女孩了解到她的生活的首要重点应该是关心和服务她的家人，家庭中发生的任何冲突或纠纷都会被认为是她无能的标志[178]。按照这一文化规范要求，一个理想的妻子必须为了她的丈夫和孩子牺牲自己的个人欲望和需求、减少冲突、隐藏问题以及独自承担痛苦[175]。总体而言，女性在父权制的文化规范的社会化过程中被教化成温顺、柔弱、服从和牺牲的角色[178]。如果女性将自己定位"过于独立"或"个人主义"，她的父母可能会担心她的未来发展，尤其是她未来婚姻家庭生活的幸福问题。因此，为了培养女性的行为与社会性别角色期望相一致，她的家人和亲戚会不断地提醒她如何保持"适当的、顺从的"夫妻互动方式，以及告诫她对传统的性别角色的任何越轨行为都可能会给家庭带来羞愧和耻辱[175,179]。她们不断地被父母、亲戚、朋友、神职工作者等周围人员告诫离婚不仅会给家庭带来耻辱，还会让自己陷于毁灭性的困境中[175]。女性一旦结婚了，便要不惜一切代价来保持自己婚姻的稳定性[174]。因此，有些女性即使长期生活在持续的婚姻暴力中，也会继续留在虐待关系中[179,180]。在巴基斯坦，父权制的文化规范要求女性在婚后要服从自己丈夫的管理，丈夫也被赋予权利监视和控制自己妻子的行为和操守，并且当女性的行为表现不符合文化规范的要求时，她的丈夫有权力"惩罚"她[178,181]。在这种文化背景下，丈夫对妻子实施婚姻暴力是会被容忍、持续和延续以及为社会认可的[182-185]。

已有对中国的研究发现在中国父权文化盛行、性别关系不平等的社会情境下，男性实施婚姻暴力的可能性较高，妻子对婚姻暴力的容忍度也较高[128]。学者对此给出的解释是，为了使妻子摆正自身在家庭中的位置，社会文化规范允许丈夫对妻子实施肢体暴力形式的暴力或情感暴力形式的暴力，并且均会被社会公众宽恕且认可[186,187]。同时，女性在社会中的弱势地位以及中国传统父权文化的影响，使得女性在家庭中处于非常脆弱的位置且很可能会在遭受丈夫的暴力后选择沉默[139]。此外，中国传统文化中的其他道德规范也是女性很容易成为其丈夫实施婚姻暴力行为受害者的文化情境。比如规范人际关系相处的"三纲五常"中提及的"仁、义、礼、智、信"对夫妻的相处提出了夫妻必须相互忠诚的伦理纲常[75]。有学者提出,由于离婚在中国农村地区是一件比较困难的事情,丈夫很可能会故意对妻子实施婚姻暴力以摆脱当前不如意的婚姻生活[95];妻子则被教化成婚姻暴力的牺牲品,面对家庭暴力,她们多采取忍让的态度而不是奋起反抗,并且很可能选择默默地继续生活在充满暴力的生活中,以牺牲自我来维护家庭的"脸面"[187]。

(四) 移民的研究

学术界除了对一般人群的婚姻暴力进行关注外,西方社会学者对移民家庭中的婚姻暴力问题也进行了研究,但研究的内容主要集中于解释哪些因素会影响移民家庭中的女性遭受婚姻暴力。相比之下,国内的学者较少对流动到城市生活的农村人口的婚姻暴力进行研究。

研究发现流动使得移民要适应完全不同的社会文化体制和经济制度,几乎所有的移民在定居和适应当地生活的过程中都会面临困难;尤其是受教育程度较低、缺乏谋生技能或适应能力的移民会面对更大的困难和挑战[188],比如语言障碍、有限的经济资源、歧视和种族主义、冲突的文化价值和社会孤立等各种类型的压力[185]。这些压力源导致的一个后果就是移民在新的环境中经常感到孤独,心理健康受到损害[189]。总的来说,迁移不仅意味着与原有朋友和社会关系的断裂和损失,迁移还会导致个体已经习惯的文化与风俗发生变化,不得不适应新的习俗、文化与语言,其在新的社会环境因为缺乏充足的社交能力和文化资本而更难融入移民的国度,从而进一步地扩大和加剧这种孤独感和无力感[190]。日积月累,这些因素使得移民家庭处于一种高压的紧张氛围,继而可能增加家庭的脆弱性和紧张的夫妻关系[191]。已有对生活在美国的韩国移民家庭的研究发现,移民的城市适应过程存在时间效应,个体迁移后初期容易遭受各种压力,从而出现心理和行为混乱;随着流动时间的延长,其适应能力会逐渐增强,个体和家庭面临的压力状况会得以改善[71]。在这种面临各种压力和困难的情况下,妻子作为家庭中的弱势群体会更加依赖于自己的丈夫,也更可能是其丈夫愤怒时的受害者，由于缺少充足的资源离开这种暴力婚姻，或者脱离目前婚姻关系的成本很高，她们通常会选择留下，从而陷于暴力婚姻[176]。

已有对生活在美国的韩国移民家庭中婚姻暴力的研究发现，面对更大社会压力的丈夫会更倾向于虐待他们的妻子[71]。Zakar等通过对32位生活在德国的巴基斯坦移民家庭中女性的深度访谈发现，当他们的家庭移民到德国后主要面临的压力源包括：自己本身适应新的文化规范以及孩子在新的环境中的社会化，尤其是处于青春期女儿的文化融合；不断扩大的代际差距和家庭夫妻关系的改变；失业或社会经济地位降低的压力；遭受社会隔离；在新的环境中不可预知的风险。这些压力源容易让她们的丈夫感到紧张，刺激她们的丈夫使用羞辱等精神暴力的方式解决婚姻冲突，并且多数女性移民对丈夫的这种暴力行为表示理解[192]。同时，研究发现巴基斯坦男性在移民到德国后实施肢体暴力解决婚姻冲突的比例明显降低，学者对此的解释是在德国实施肢体暴力是违法的，会被警察逮捕，法律的约束增加了男性移民实施婚姻暴力的成本，从而降低其实施肢体暴力的可能性[192]。

靳小怡和李成华使用夫妻相对资源和情感关系理论，基于性别视角分析了中国城市化背景下，流动的农村夫妻间经济权力结构和夫妻情感关系的变化对其实施婚姻暴力的影响[103]。结果发现：婚姻暴力现象在流动到城市的农村人口群体中较普遍，以冷暴力为主，女性实施冷暴力的比例显著高于男性，但男女实施肢体暴力的比例相当；夫妻相对资源因素和夫妻情感关系因素对男性和女性实施婚姻暴力都产生了显著影响，但相对资源因素对男性实施婚姻暴力的影响大于女性，而夫妻情感关系对女性实施婚姻暴力的影响大于男性；经济压力对男性农村流动人口实施肢体暴力具有显著的刺激作用，但对女性实施婚姻暴力则没有显著影响[103]。杨婷和靳小怡通过对农民工家庭中婚姻关系的进一步研究发现，城乡流动带来的家庭压力对农民工家庭中的婚姻暴力行为具有显著的刺激作用。分析发现工作压力会增加农民工实施精神暴力的风险，家庭照料压力会同时增加农民工实施精神暴力和肢体暴力的风险，经济压力对农民工实施婚姻暴力没有显著影响[193]。

周苗利用第三次妇女社会地位调查数据分析夫妻流动模式对婚姻暴力的影响也发现：婚姻暴力现象具有显著的性别差异，女性是婚姻暴力的主要受害群体；流动通过改变夫妻之间的相对资源和相对权力结构，进而影响婚姻暴力的发生，且对女性群体的作用力度高于男性[194]。

周林刚和陈璇以中国中部劳务输出大县（江西省修水县）为个案，深入分析了流动妇女遭受婚姻暴力的影响因素，结果显示：流动增加了妇女遭受婚姻暴力的风险；学历越高越容易遭受严重的肢体暴力，流动妇女对传统家庭文化认知越高、迁移愿望越强，其遭受婚姻暴力的可能性越大[195]。

三 小结

婚姻暴力作为一个全球普遍关注的重要社会问题和公共卫生问题业已引起学术界的广泛关注，并发展出很多种理论观点，取得了一系列的研究成果。本章通过对过去近 40 年国内外学者在该领域的主要研究成果的回顾，从个人、家庭和宏观社会文化制度等层面对目前已有解释婚姻暴力何以发生的理论和经验研究发现进行了梳理与总结。通过对国内外婚姻暴力理论研究和应用研究进展的分析，我们进一步明晰了本研究的研究空间。

第一，在理论研究方面，西方学者的理论分析大多局限在国外的社会情景，涉及的理论主要是基于西方社会文化的情境建构的，关于解释婚姻暴力发生的经验研究也主要是基于西方社会的情境，特别是很多研究发现都是来自美国男女间社会经济地位更为平等的文化情境，并不能完全解释中国社会经济文化情境下的婚姻暴力。目前国内对婚姻暴力的关注以医学界的描述性研究为主；缺乏管理学和社会学视野下对婚姻暴力的定量研究，已有的少量研究也主要是借鉴和简单应用西方相关理论，缺乏理论创新，本土化的理论解释力度不够。我们需要在国外学者提出的理论基础上构建适应中国城乡流动和婚姻挤压情境下农村家庭中发生婚姻暴力的理论分析框架。

第二，在研究内容方面，目前学术界已有关于婚姻暴力的研究主要是集中在西方社会工业现代化进程背景下或者西方父权的社会经济文化情景下进行的分析，缺乏对中国当前人口社会转型期大规模城乡流动和男性

"婚姻挤压"日益严重情境下农村婚姻暴力的研究。关注的主要内容是通过收集女性受访者报告的遭受婚姻暴力信息,分析其遭受婚姻暴力的原因,较少有研究通过比较分析男性和女性实施婚姻暴力的影响因素来全面认识和理解婚姻暴力的发生。在解释婚姻暴力发生的经验研究中,研究学者主要集中关注肢体暴力这一种类型的暴力形式,缺乏对目前日益增多的非肢体型暴力的研究和分析。

第三,在研究层次方面,学术界对婚姻暴力特征和影响因素的研究多以个体为分析单位,缺乏对以家庭为单位的分析;且以个体为分析单位的研究主要集中于解释男性实施婚姻暴力的原因,仅有少量研究关注了女性施暴。在探讨婚姻暴力发生原因的定量研究中多是集中关注微观个体和家庭层面的特征对婚姻暴力行为的影响;尚未见到将宏观因素和微观因素相结合,使用数据进行多层次系统分析宏观社会文化结构和微观个人家庭特征对婚姻暴力的影响。

第四,在研究视角方面,已有对中国农村婚姻暴力的研究多是将农村人口/家庭作为一个整体,缺乏分层分类的视角,较少区分和比较不同类型农村人口/家庭婚姻暴力特征以及影响因素的差异。尤其是在中国当前城乡流动规模日益扩大的背景下,越来越多的农村人口和农村家庭参与到从传统农业社会向现代工业社会的转变过程中,我们需要区分考察未流动的农村人口/家庭和流动的农村人口/家庭中的婚姻暴力问题,以更准确地理解和认识当代中国农村的婚姻暴力问题。

第三章
性别失衡和城乡流动背景下农村婚姻暴力的影响分析框架

通过对已有解释婚姻暴力发生的理论与经验研究的梳理与回顾，我们发现任何单一的理论观点，都不能全面解释为什么会出现婚姻暴力。在20世纪90年代初期，有学者提出借鉴多种理论观点和视角，采用多层次系统分析的方法解释婚姻暴力现象。本章的主要目标是通过对西方已有经典婚姻暴力理论的深入总结与解读，提出一般情境下解释婚姻暴力发生的概念框架；然后结合中国的实际情况，构建适合在中国性别失衡引发的男性婚姻挤压和同期开始的城乡流动的情境下解释婚姻暴力发生的概念框架，并应用到中国特色情境下农村婚姻暴力研究中。

一 一般情境下解释婚姻暴力发生的概念框架

本研究主要从研究人群、分析层次、关注侧重点和包含的核心要素四个方面对上一章提到的五大理论的特点进行总结与解读（见表3-1）。具体体现为以下几个方面。

心理学理论主要关注施暴者个体的人格心理特征对婚姻暴力行为的影响，认为具有自卑、缺乏自我控制能力、矛盾性依赖、多疑、充满妒忌心甚至心理变态等不良心理健康状态的个体无法控制自己的行为，容易采取暴力这种较为激烈的手段解决冲突。心理学研究的结论多是来源于临床和精神病治疗中对心理亚健康患者的观察或心理学诊断，将暴力行为仅看作个人的"变态"行为，忽视了婚姻暴力是一个复杂的社会问题，忽视了除了个体心理学因素以外的个人社会属性、家庭和社会文化等因素也会影响暴力行为。

相对资源理论是建立在家庭社会学中的资源理论上的，与社会结构视角注重家庭整体的绝对资源不同，该理论强调微观层面夫妻间掌握的资源不一致引发的权力关系失衡对婚姻暴力冲突的发生具有更重要的作用。该理论观点认为家庭是一个系统，而婚姻暴力行为是夫妻双方互动的行为，是家庭系统的产品，不仅仅是个人行为。需要说明的是，这一理论并不认为个体采用暴力行为存在性别差异。但后续大量应用该理论进行的实证研究发现，夫妻间相对资源的差异对个体实施婚姻暴力行为的影响是存在性别差异的。为了寻找差异的原因，近年来学者愈来愈重视与社会文化环境的结合，并引入与此相关的角色理论（角色理论将个人角色系统与社会文化系统进行了很好的连接，该理论认为每个人的角色都是在社会文化规范的社会化过程中习得的，同时也是依靠社会文化制度来维持或改变的），考虑在社会宏观文化规范以及社会文化对丈夫和妻子角色规范赋予的情境下，夫妻间资源差异对男性和女性实施婚姻暴力行为的影响。

与相对资源理论相似，夫妻情感关系的支持者也将婚姻暴力看作家庭系统失调的表现，只是相对资源理论侧重考察夫妻间掌握资源不一致引发的权力关系失调，而夫妻情感关系侧重考察夫妻间情感关系的失调对个体暴力行为的影响。此外，学者在经验研究中发现，糟糕的夫妻关系会让施暴者感到压力，会对其心理健康造成负面影响，从而刺激其暴力行为的发生。

压力理论强调压力源（引起个体在情感、生理和行为上不适的感受的事件或经历）对个体婚姻暴力的影响。该理论观点认为当个体没有充足的资源来应对外在压力源时，个体的心理平衡将被打破，导致个体出现心理或生理紧张反应，从而暂时或永久性损害个体的心理健康；压力和紧张愈来愈大时，个体实施婚姻暴力就是应对压力的后果。该理论中的核心要素压力源可以囊括相对资源和夫妻情感关系中涉及的核心要素，"不满的婚姻关系"和"夫妻间资源差异引发的权力关系失调"。另外，该理论的一大优势就是在解释婚姻暴力的产生原因时，既关注宏观社会结构性因素也重视个体和家庭结构特征等微观因素，实现了宏观和微观的结合。

社会文化理论将婚姻暴力看作两性间的互动，强调宏观社会性别文化规范和制度在婚姻关系和家庭生活中的渗透。通过对前人研究的总结，本研究认为社会文化规范和制度自身对个体婚姻暴力行为的影响途径有两个方面：其一，通过营造允许/支持/鼓励婚姻暴力或不接受/反对/不认同使用婚姻暴力的文化场域或文化氛围，影响个体实施婚姻暴力行为；其二，无论男性还是女性，从儿童期开始就会根据社会文化传统对不同性别角色的规范进行不同的性别角色社会化，并形成固定的性别意识观念，个体性别意识观念会影响对两性互动关系的处理，暴力循环理论就是一个很好的例子。总之，该理论的一大特色就是将对婚姻暴力发生原因的理解置于更广泛的社会文化场景和历史情境中来考察。但由于该理论忽视了社会结构因素，不能回答处于同样的社会文化规范制度下的个体，为什么有些人会实施婚姻暴力，有些人则不实施婚姻暴力这样的问题；因此该理论在实际应用中多与其他关注社会结构因素的理论结合使用。

表 3-1　五大理论的研究人群、分析层次、关注侧重点与核心要素

理论	研究人群	分析层次	关注侧重点	核心要素
心理学理论	心理亚健康人群	微观	人格心理特征对个体实施婚姻暴力行为的影响	人格障碍、心理健康
相对资源理论	一般人群	微观	夫妻间拥有资源不一致引发的权力关系失调对婚姻暴力行为的影响	夫妻间资源差异
夫妻情感关系	一般人群	微观	夫妻间情感关系的失调对婚姻暴力行为的影响	婚姻满意度
压力理论	一般人群	宏观和微观	压力源对婚姻暴力行为的影响	结构性压力源、生活压力事件
社会文化理论	一般人群	宏观和微观	社会性别文化规范和制度对婚姻暴力行为的影响	社会文化规范和制度、性别角色社会化、个体性别意识

通过对上述五大理论的总结，本研究选取分析层次可以包含宏观和微观的压力理论和社会文化理论为主要理论基础，提出一般情境下解释婚姻暴力发生的概念框架（见图 3-1）。

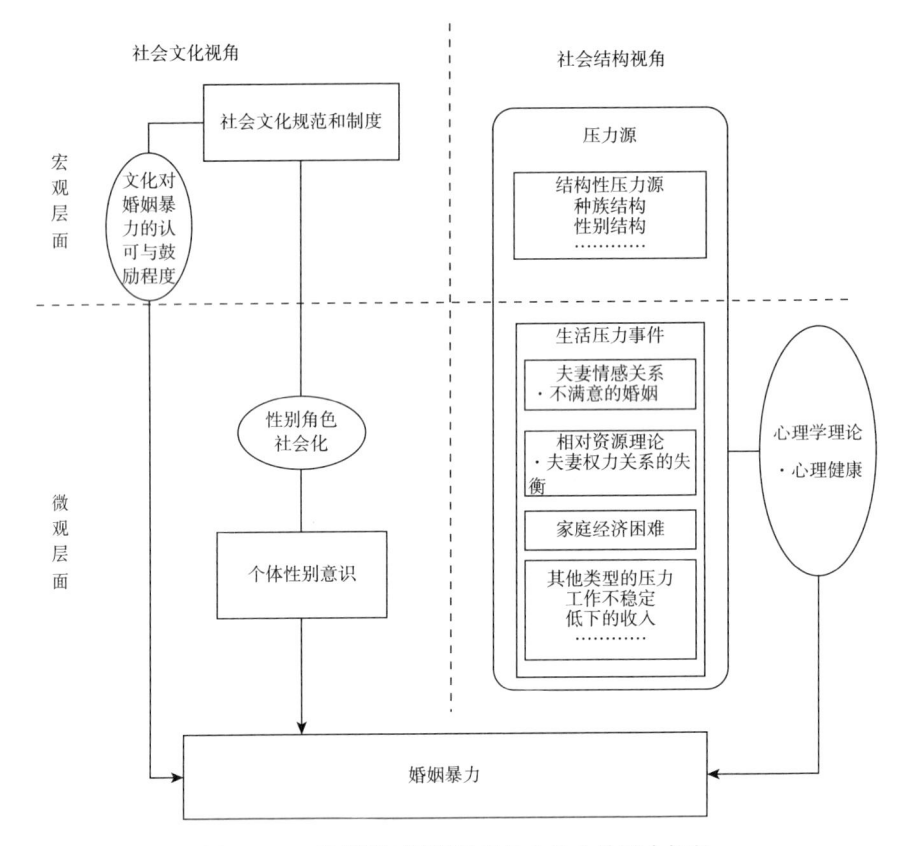

图 3-1　一般情境下解释婚姻暴力发生的概念框架

该概念框架所涉及的理论主要是基于西方社会文化的情境建构的，关于解释婚姻暴力发生的经验研究也主要是基于西方社会的情境，特别是很多研究发现都是来自美国男女间社会经济地位更为平等的文化情境。尽管婚姻暴力在一定程度上是跨越不同国度文化情境的全人类的普遍行为，但是对婚姻暴力问题的认识和理解是需要基于不同文化情境考察的。因而，该概念框架可能存在对中国特定情境下婚姻暴力的解释盲区，难以直接用来指导中国城乡流动和婚姻挤压情境下的农村婚姻暴力研究。因此，有必要结合中国社会转型与人口转型背景下农村婚姻暴力的特殊情境，借鉴国外已有的研究理论和方法来修正和补充已有的概念框架，建构可以适用于解释中国农村婚姻暴力的分析框架。

二 适用于中国性别失衡和城乡流动情境下婚姻暴力研究的概念框架

上一节通过对西方已有经典婚姻暴力理论的深入总结与解读，提出一般情境下解释婚姻暴力发生的概念框架，为本研究提供了很好的研究范式和理论基础。但该框架主要是基于西方国家情境下的理论和应用研究而构建的，不能为中国特定的城乡流动和婚姻挤压情境下农村人口婚姻暴力的研究提供贴切的框架指导。因此本节将先对中国城乡流动和婚姻挤压的情境进行阐述，明晰中国婚姻暴力研究的情境特殊性；然后，在此基础上对一般情境下解释婚姻暴力发生的概念框架进行改进，构建适合于中国城乡流动和婚姻挤压情境下农村婚姻暴力研究的概念框架。

（一）社会文化情境分析

中国的社会性别文化深受儒家父权文化规范的影响，儒家文化倡导性别差异，男性自从进入父系社会以来总是作为与性别相关的生产活动的主体。中国古典哲学《周易》中提及的"男主阳，女主阴，男为乾，女为坤""阳尊阴卑""先乾后坤"，也体现了"男尊女卑"这一不平等的文化观念。儒家文化的经典代表作《周礼》更是通过对"公""私""内""外"四个领域的划分，进一步明晰男性和女性的活动场所和工作空间，确定了等级化的性别分工制度，开始建构男性权威体系，倡导"男性至尊"，并通过婚姻、丧葬、祭祖等各种风俗和道德规范的方式不断地巩固男尊女卑、男性优于女性的意识形态。

尽管随着社会发展和时代的进步，一些儒家思想在我们日常生活中的表现形式已经发生了很大的变化，没有古代时期表现得那么极端，但是其思想的本质并没有变化，父权文化中"男尊女卑""男性至上"等文化规范依然影响了人们对性别关系问题的处理。此外，不平等的性别文化渗透了政治经济文化制度，并在各个领域体现着不平等的性别关系秩序，表现为与女性相比，男性几乎在社会中所有领域均享有特权，占据主导地位。比如在政治领域，男性比女性拥有更多的发展机会；在就业领域，依然存在性别隔离，女性就业歧视现象依然较为普遍；在婚姻家庭中，男性则处于公共领域,且被认为在家中应占据主导地位,而女性则更多地被排斥在公共生活之外,使女性被迫留在家庭领域中承担照顾家庭的角色,而丧失外出工作获得经济独立的机会和权利,其在家庭中地位较低。

在中国被社会公众广泛认可的父系家族制度,使得男性可以在家庭延续、财产继承、居住安排和家庭权力结构上占主导地位;父系家族制度及与其相适应的嫁娶婚姻形式带来了个人、家庭、整个社区及其文化对男孩的强烈偏好,以及对女孩各种形式的歧视,使得女性的社会和家庭地位低下[35,196]。尤其在中国农村地区,"男孩偏好"这一带有浓郁性别关系不平等文化更是受到广泛的传播和推崇[3]。已有研究表明,导致中国出生性别比偏高的原因是比较复杂的,在不同的时期和区域也有不同的表现,但中国父权文化体制衍生出的"重男轻女"的男孩偏好成为出生性别比失衡的根源性原因。在中国大陆、中国台湾和韩国,虽然有着不同的政治、经济和政策环境,但这三个地区的人口都存在着普遍偏高的出生性别比,表明父权文化体制的影响是根源性的[197]。

综上所述,中国传统父权文化规范和制度衍生的"男孩偏好"的生育文化,是导致中国目前出生性别失衡的根本性原因,也是影响目前及未来几十年男性"婚姻挤压"的文化根源。在传统"家本位"文化观念盛行的农村地区,儒家传统父权文化衍生的男孩偏好文化倡导的"养儿防老""不孝有三,无后为大""只有男孩才能传宗接代"等生育文化氛围对人们的生育观念和生育行为产生了重大影响,在农村的日常生活中表现为生育性别偏好。

(二) 性别失衡引发的结构性婚姻挤压情境分析

20世纪80年代以来,中国经历了持续偏高的出生性别比。至2010年底,出生性别比虽然较2009年略有下降,但仍高达118.06。偏高的出生性别比和女婴死亡水平,导致了整体人口结构失衡和婚姻市场中男性的过剩。历次人口普查数据显示,1982年到2010年,中国总人口性别比都在105以上[1,2],高于正常水平。已有学者预测,2013年之后中国婚姻市场中每年的男性过剩人口在10%以上,2015至2045年间将达到15%以上,平均每年大约有120万的男性在初婚婚姻市场上找不到老婆[3]。由此可见,在中国当前低生育率条件下的出生性别比持续升高,将在未来很长一段时间造成中国的婚姻市场结构中出现男性过剩和女性短缺现象，即结构性男性"婚姻挤压"。当前，婚姻挤压现象在农村地区已经有所体现，一项对全国 28 个省份（自治区、直辖市）364 个行政村的抽样调查显示，平均每个村庄至少有 9 个 28 岁以上的男性被迫难以成婚[198]。

已有学者指出，婚姻市场结构主要包括两个方面，即婚姻市场供需结构和婚姻市场中潜在可婚配对象的质量结构[199]。中国是"普婚制"国家，成婚是每个达到适婚年龄人群的基本需求。受我国"男高女低"传统婚配模式的影响，即使婚姻市场中男女数量供需均衡，在婚姻市场中处于劣势地位的男性也会受自身资源匮乏的限制而遭遇成婚困难。而 20 世纪 80 年代以来在低生育率条件下由出生性别比持续升高造成的女性短缺将会加剧婚姻市场中男性群体争夺可婚配女性资源的竞争程度，使得农村男性处于结构性婚姻挤压的情境中，其中处于劣势地位的社会底层男性因缺乏充足资源抗衡由宏观婚姻市场中性别结构失调引发的婚配竞争压力，从而在婚姻缔结过程中遭遇成婚困难这一重大负面生活事件。西安交通大学人口与发展研究所在安徽 X 县的调查（2008）发现：农村男性普遍感觉到成婚压力，几乎所有 28 周岁以上的大龄未婚男性都是被迫保持未婚状态的，超过 6 成的 27 周岁以下的小龄未婚男性认为自身正在遭受成婚困难，而近 4 成的已婚男性在婚姻缔结过程中经历过成婚困难。已有经验研究发现，在崇尚"普婚文化"的农村地区，被迫不能成婚带来的压力给这部分暂时或永久地游离于婚姻与家庭之外的男性的心理健康造成严重损害[200]。

同层婚或向上婚的规律，使得女性对潜在配偶的生物和社会属性特别关注，女性倾向于通过婚姻上的空间迁移来提高她们的社会经济地位[5,201,202]。虽然多数女性希望能就近结婚，但对贫困地区的女性而言，对美好生活的向往使得她们期望通过远嫁的方式摆脱贫困[203]。中国的经济社会发展存在巨大的城乡差异和区域差异，受女性婚姻迁移的影响，不同地区间男性所面临的婚配竞争压力也呈现自东向西逐渐趋于严重的趋势。表现为虽然东部地区出生性别比高于西部，但由于东部地区的经济发展水平处于明显的优势地位，可以吸引外来贫困地区女性的嫁入，从而大大缓解了该地区男性的婚配竞争压力；相比之下，西部地区留住和吸引女性的能力较差，她们更愿意向东部经济较发达农村地区迁移，使得该地区的总人口性别比和女性缺失情况最为严重,男性面临的婚配压力最大[5,196]。

然而,农村劳动年龄人口向城市流动规模的扩大,再加上行业性别分工,导致农村流动人口的男女两性在城市生活场域内处于相对隔离状态,这就使得城乡和区域间的性别失衡态势变得更加复杂和严重。根据2007年人口变动抽样调查数据,男性流动人口中未婚者比例为27.62%,可以推测生活在城市的农村流动人口中存在大量的大龄未婚男性,其规模必将随农村流动人口规模的增加而增加。流动给个体的婚姻策略也带来显著影响:一方面,外出务工迫使个人在流入地的初期生活经济状况不稳定,引起初婚时机被动推迟,促使男女两性的实际初婚年龄均有所上升,客观上加剧了男性婚姻挤压的态势;另一方面,外出务工使可供选择的配偶来源地范围更广,跨地区通婚的可能性更高,但由于传统"男高女低"婚配模式的普遍存在,较贫困农村地区女性因婚迁流出的现象更加普遍,条件较差的男青年找到配偶的难度更大,造成男性婚姻挤压风险由较发达农村地区向较落后农村地区转移。

综上所述,尽管男性"婚姻挤压"问题在中国历史上一直存在,在不同时期的原因也不尽相同,但出生性别比持续偏高所导致的婚姻挤压与以往时期的婚姻挤压的表现在本质上并没有区别,均是处于男性面临结构性婚姻挤压,处于弱势地位的男性遭受婚配困难这一不愉快的生活经历之中,只是这部分弱势男性的规模会更大。中国"男高女低"的婚配模式及女性婚姻的梯级迁移,导致结构性婚姻挤压问题主要集中在贫困的西部农村地区,而大规模的城乡人口流动导致了人口性别结构在城乡、区域与群落间同时失衡,使得受婚姻挤压的农村男性群体同时存在于乡村与城市社会,因此,有必要同时关注城乡和不同区域的男性婚姻挤压问题。

(三) 城乡人口流动情境分析

自20世纪80年代开始,中国社会开始经历由农业社会向工业社会转变的社会转型。一方面,社会转型带来的城乡流动改变了中国农村人口生活的社会文化场域,其社会性别文化意识也在个体的流动经历中悄然发生变化;另一方面,受城乡二元社会结构的影响,来到城市生活的农村人口将面临更多的压力和挑战;此外伴随"夫妻一方流动"或是"夫妻双双流动"的夫妻流动模式,流动的农村家庭系统内部夫妻的经济权力结构和婚姻关系等也受到冲击，发生波动。具体为以下几个方面。

1. 对个体社会性别意识的冲击

传统父权文化中"男主外，女主内"的性别角色意识期望男人扮演工具性角色，能够赚钱养家，同时要求女人扮演表达性或支持性角色，能够勤俭持家，并专心教养子女。流动使得农民离开父权文化占主导的乡土文化场域，来到城市接触到较为现代的社会性别文化理念，传统的社会性别意识在弱化。西安交通大学人口与发展研究所在西安市的调查发现，近一半（44.9%）的农村流动人口表示不认同"男人挣钱女人顾家"的性别分工角色，超过一半（51.9%）的农村流动人口认为家里的大事不应该由男人说了算。尤其是在对待"妻子工作时双方应共同承担家务"的态度上，大多数（77%）农村流动人口表示认同，赞成丈夫应该分担家务。与男性农村流动人口相比，流动让农村女性接触到了不同于农村传统的婚育观念以及行为方式，使得她们更加希望能够改变传统"男尊女卑"的性别角色[204]。

2. 文化适应和社会支持重构的压力

在中国，由于以户籍制度为核心的城乡二元社会结构的长期存在，城市与乡村不仅在地理外貌上存在巨大的差异，在社会文化和社会制度方面也存在巨大的差异。对农村人口而言，城乡流动一方面意味着文化空间的转变。在改革开放前，由于长期的城乡二元结构和户籍制度的实施，农村基本延续着几千年以来的农业生产模式，人们被限定在封闭的乡土社区而不能自由流动，人们生活的文化氛围以传统的乡土文化为主。然而，流动使得他们离开已经习惯的文化场域，来到了现代工业文化主导的城市，他们将面临适应新环境中习俗、文化与社会规则的压力。另一方面，城乡流动也意味着生活场域的空间转变，而这一转变会导致其与家庭所在地原有朋友和社会关系的断裂和损失，会面临已有乡土场域社会支持断裂、城市场域中社会支持构建困难的困境。总的来说，流动的农村人口来到城市后，会面临适应新的习俗、文化与语言的压力以及人际关系重新建构的压力，这些压力很可能导致流动到城市的个体与家庭的脆弱性和紧张的人际关系[20]，影响家庭成员的心理健康和夫妻关系的互动。

3. 经济压力和生活压力的加强

以户籍制度为核心的城乡二元社会结构实际上构建了城乡二元劳动力

市场和城乡二元福利体系。一方面，很多城市以户籍为依据限定农民工进入某些行业和职业以保护本地市民的就业，这使得农民工被隔离在次要劳动力市场，面临着收入低、工作不稳定、工作条件差等问题；另一方面，由于户籍的原因，农民工不能平等地享受当地的医疗、教育、养老和就业等福利。流动到城市的农村人口面临的就业不稳定、工作强度大、工作环境恶劣、收入没有保障等这些因素使得其面临较大的生存压力，在适应城市生活过程中面临各种类型压力的增加，会对个体的心理和身体健康构成负面威胁或伤害，当压力和心理健康受损的程度愈来愈严重时，很可能会诱发婚姻暴力的发生。

4. 家庭系统中的婚姻关系的调整

第一，夫妻间经济权力结构。已有研究表明，随着越来越多的农村女性进入就业市场，妻子在家庭中的经济地位日益独立，夫妻经济地位日益平等[23]，家庭夫妻关系发生了从传统"男主女从型"向"男女平权型"的转变，女性在婚姻中不再处于从属地位；农民工家庭内部的夫妻情感关系呈现亲密与疏远两种倾向并存的状态[16,24]。农民工夫妻间经济权力结构和夫妻情感关系的变化都可能对婚姻暴力产生影响。已有研究表明，随着女性进入就业市场，她们增加了家庭的经济资源，同时对参与家庭事务的决策权的需求也增强，而这对中国传统父权文化思想发起了挑战；当男性为了维护其家庭主导地位时，很可能使用暴力来解决，从而引起夫妻的暴力冲突和升级[25]。

第二，夫妻分居的问题。国家统计局农村司的农民工监测调查报告显示，2009年度农村外出务工劳动力已达2.3亿人，其中已婚者比例高达56%[18]。然而由于户籍制度的限制，农村人口在外出务工过程中很难实现户籍的迁移，进入城市工作的农村人口子女很难在城市获得受教育机会，因此大多数已婚农村流动人口家庭中的小孩留守在农村，这就可能导致部分流动的已婚农村夫妻中的一方不得不留守在农村地区。农村人口在城市务工的收入很难支持整个家庭在城市生活，从而导致部分农村流动人口不得不接受个人与家庭分离的生活状态。总之，基于上述经济或制度的约束，部分农村人口很难选择举家迁移的策略，在生存理性的驱动下，有些流动的已婚农村人口并不是夫妻双方一块流动，而且其中一方流动到城市,另一方留守农村,或双方分别在不同的城市或地区务工。

综上所述,城乡流动一方面会使农村人口和农村家庭面临新的挑战和压力,这些压力源会对个体的心理健康造成负面影响,从而影响个体与配偶进行夫妻互动的行为方式。另一方面,城乡流动也会对个体的社会性别意识和家庭内部夫妻间的经济权力结构与婚姻关系造成极大的冲击,这些冲击也可能对婚姻暴力产生影响。

(四)中国情境下解释婚姻暴力发生概念框架的提出

通过上文对中国当前人口结构和社会经济文化转型期情境的论述,我们提炼出以下几个反映中国特殊情境的要素,在构建中国城乡流动和婚姻挤压情境下农村人口婚姻暴力的概念框架时需要纳入以下几个方面。

第一,男孩偏好文化。造成中国当前及未来几十年男性"婚姻挤压"的直接原因为出生性别比失衡,但根源性原因是男孩偏好文化。该生育文化也体现了现存社会文化规范和制度营造出的父权文化盛行、性别关系不平等的社会文化情境。

第二,个体生育性别偏好。在传统"家本位"文化观念盛行的农村地区,儒家传统父权文化衍生的男孩偏好文化倡导的"养儿防老""不孝有三,无后为大""只有男孩才能传宗接代"等生育文化氛围对人们的生育观念和生育行为产生了重大影响,在农村的日常生活中表现为生育性别偏好。

第三,结构性婚姻挤压。由出生性别比持续偏高所导致的婚姻市场中可婚配男性和女性数量结构的失衡,使得男性面临结构性婚姻挤压;受中国父权文化体制下"男高女低"的婚配模式的影响,结构性婚姻挤压问题存在区域差异,主要集中在贫困的西部农村地区。由此可见,婚姻挤压使得所有农村人口都要面对因可婚配男性和女性数量结构的失衡引发的"结构性婚姻挤压"这一结构性压力源,且不同区域的农村人口感知到的压力程度会有所差异。

第四,男性遭受成婚困难。受婚姻市场中潜在可婚配对象的质量结构的影响,自身拥有资源匮乏、竞争力差的社会底层男性遭受非结构性婚姻挤压,表现为在婚姻缔结过程中会遭遇婚配困难这一不愉快的生活压力事件。

第五，流动特征。城乡流动改变了中国农村人口生活的社会文化场域，流动到城市的农村人口不仅需要适应城市的文化，也会面临来自户籍制度、社会关系网络的排斥，也给农村人口的婚姻生活带来了新的压力和挑战。不同流动特征的农村家庭/人口可能面对的压力类型和压力程度有所不同。

鉴于此，本研究在基于西方经典婚姻暴力理论构建的一般情境下解释婚姻暴力发生的概念框架基础上，引入流动视角，增加"男孩偏好文化"、"个体生育性别偏好"、"结构性婚姻挤压"和"男性遭遇成婚困难"、"流动特征"这五个能反映中国农村社会经济和文化制度的特色情境要素，形成适合解释中国性别失衡引发的男性婚姻挤压和同期开始的城乡流动情境下中国农村婚姻暴力发生的概念框架（见图3-2）。

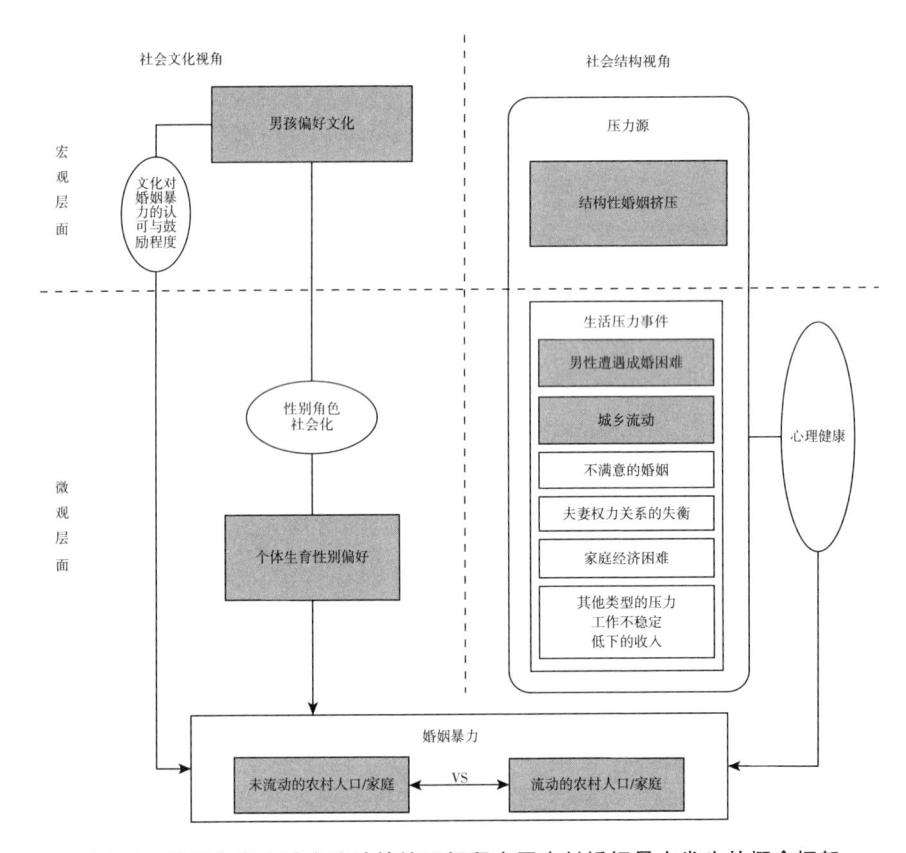

图3-2 性别失衡和城乡流动情境下解释中国农村婚姻暴力发生的概念框架

三 应用改进后的概念框架分析中国农村婚姻暴力

适合中国特色情境农村婚姻暴力研究概念框架的提出为定量分析城乡流动背景下婚姻挤压对农村婚姻暴力的影响提供了理论基础，通过对该框架中的概念进行中国现实情境的本土操作化，形成了可用于性别失衡和城乡流动情境下解释中国农村婚姻暴力发生的分析框架（见图3-3）。该分析框架中，各要素包括因变量、自变量、控制变量及影响路径。下面对该分析框架中的主要要素进行介绍。

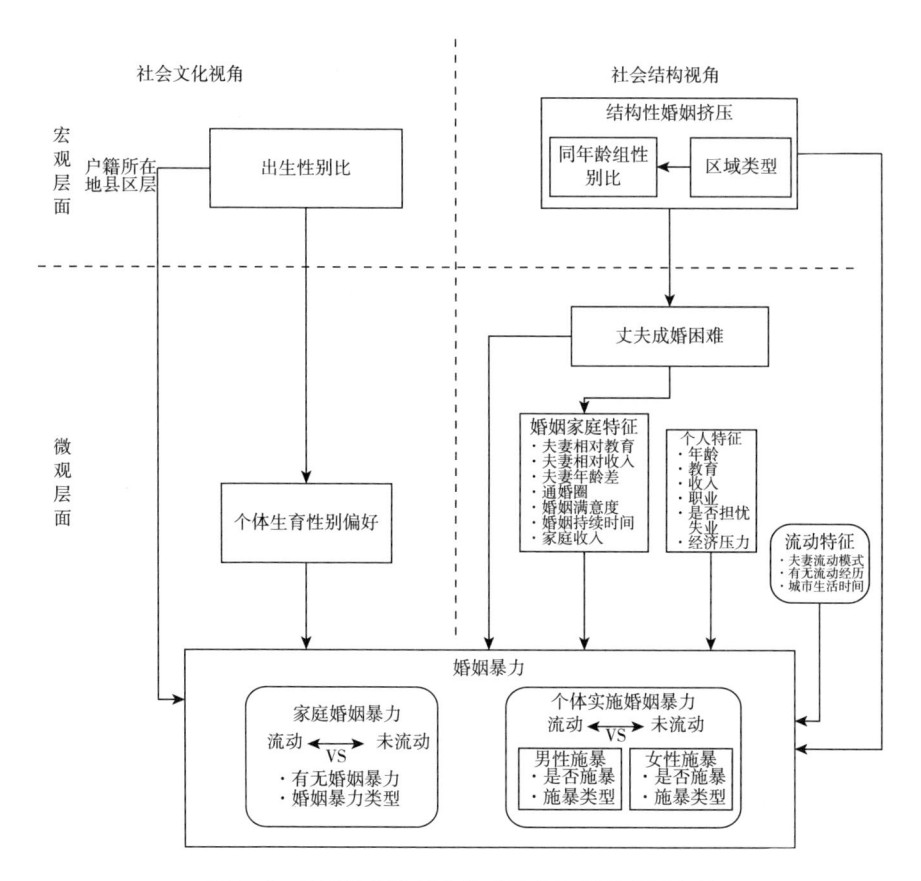

图 3-3 性别失衡和城乡流动情境下解释中国农村婚姻暴力发生的分析框架

（一）因变量的测量

学术界已有对婚姻暴力问题的研究主要是以个体为分析单位，即主要关注个体施暴行为的特征以及个体实施婚姻暴力的影响因素。考虑到婚姻暴力为夫妻互动的行为，也是家庭系统中婚姻关系失调的产物，本研究将对中国农村婚姻暴力特征的描述由传统个体作为分析单位扩展到以家庭作为分析单位，从家庭和个体两个层面定量探索当代中国农村家庭发生婚姻暴力的特征，以更深入地认识和揭示当前城乡流动和婚姻挤压情境下的中国农村婚姻暴力。

本研究对个体实施婚姻暴力的操作包括是否实施婚姻暴力和实施婚姻暴力类型两个变量。国内外学者在解释婚姻暴力如何发生的定量研究中，主要使用肢体暴力来测度婚姻暴力。但伴随社会变迁，家庭内部夫妻间的暴力形式也悄然发生变化，呈现多元化发展趋势，其中一种精神情感型暴力形式——"冷暴力"呈日益增多的趋势，其发生率居第一位，远远高于肢体暴力[30]。"冷暴力"被认为是现代婚姻家庭的"无形"杀手，其危害性和严重性正逐步引起社会各界的广泛关注，但国内学术界对"冷暴力"这类精神层面暴力行为的定量研究甚少。国外已有对肢体型暴力和非肢体型的"情感虐待"（emotional abuse）的研究发现：肢体暴力行为的发生经常伴有情感虐待行为的发生，但也不是完全相随相伴；而情感虐待的发生却不一定需要肢体暴力行为的发生[205]。因此，本研究对个体实施婚姻暴力类型的测度包括实施肢体暴力和不实施肢体暴力、仅实施冷暴力两类。

本研究对家庭婚姻暴力的操作包括有无发生婚姻暴力和发生婚姻暴力的类型两个变量。其中，对农村家庭中发生婚姻暴力类型的测度根据夫妻实施婚姻暴力的方向，分为无婚姻暴力、丈夫单方施暴、夫妻相互施暴和妻子单方施暴四类。

（二）宏观层面自变量的本土化测量与分析

宏观层面自变量包括男孩偏好文化和结构性婚姻挤压两个核心概念。在这里需要说明，考虑到在传统乡土中国，姻亲关系是家庭重要的社会网络，在盖房子、农忙和紧急事件发生时其可以提供重要的支持，日常相互走动和重大节日的礼物交换也使得姻亲关系得以维系[202,206]。因此中国农村长期保持着近距离通婚的传统,即使在当前城乡人口流动的背景下,绝大多数农村人口的婚姻仍以县内通婚为主[198,203,207]。因此本研究在后面的实证分析中,选择"县区"作为宏观层面的分析单位。

男孩偏好文化本身无法通过客观的数据进行直接统计测量,已有大量研究表明中国父权文化体制衍生出的"重男轻女"的男孩偏好文化成为中国出生性别比失衡的根源性原因[197]。由此可见,一个地区出生性别比失衡的严重程度可以较为直接、准确地反映该地区男孩偏好文化的严重程度。因此,本研究选择县区层面的出生性别比作为测量男孩偏好文化的指标。

结构性婚姻挤压主要用于测量一个地区的婚姻市场中可婚配男女供需数量关系的失衡程度。本研究采用县区同年龄组性别比来衡量婚配竞争程度。另外,考虑到中国的经济社会发展存在巨大的城乡差异和区域差异,受女性婚姻迁移的影响,不同地区间男性所面临的婚配竞争压力也呈现差异,表现为:虽然东部地区出生性别比高于西部,但由于东部地区的经济发展水平处于明显的优势地位,可以吸引外来贫困地区女性的嫁入,从而大大缓解该地区婚姻市场中可婚配男性和女性数量的失衡状况;相比之下,西部地区留住和吸引适婚女性的能力较差,她们更愿意向东部经济较发达农村地区迁移,使得该地区的婚姻市场中可婚配女性缺失情况最为严重[5,196]。因此,本研究还采用区域类型变量反映结构性婚姻挤压程度。

1. 男孩偏好文化与农村婚姻暴力

社会文化理论将婚姻暴力看作两性间的互动,强调宏观社会性别文化规范和制度在婚姻关系和家庭生活中的渗透。通过对前人研究的总结,发现社会文化规范和制度会通过营造允许/支持/鼓励婚姻暴力或不接受/反对/不认同使用婚姻暴力的文化场域或文化氛围,直接影响个体实施婚姻暴力行为。已有对中国的经验研究发现:在中国父权文化盛行、性别关系不平等的社会情境下,男性实施婚姻暴力的可能性较高;女性被教化成婚姻暴力的牺牲品,面对暴力,她们多采取忍让的态度而不是奋起反抗,其对婚姻暴力的容忍度也较高[187]。

鉴于此，本研究认为处于男孩偏好文化氛围强烈的县区的农村家庭更容易发生婚姻暴力；生活在男孩偏好文化氛围强烈的县区的农村男性实施婚姻暴力解决婚姻冲突的可能性较高，且倾向以肢体暴力这种明显的暴力方式为主；与男性相反，生活在男孩偏好文化氛围强烈的县区的农村女性实施婚姻暴力解决婚姻冲突的可能性较低；城乡流动使得农村人口/家庭离开这一文化场域，可能会削弱男孩偏好文化对农村人口/家庭婚姻暴力的直接影响。

2. 结构性婚姻挤压与农村婚姻暴力

压力理论观点认为当个体没有充足的资源来应对外在压力源时，个体的心理平衡将被打破，导致个体出现心理或生理紧张反应，从而暂时或永久性损害个体的心理健康。当压力和紧张愈来愈大时，个体实施婚姻暴力就是应对压力的后果。社会结构视角的研究指出婚姻暴力在社会中的分布并不是均匀的，生活在高压力场域的群体更容易发生婚姻暴力[115]。

鉴于此，本研究认为处于结构性婚姻挤压程度严重县区的农村家庭更容易发生婚姻暴力；生活在结构性婚姻挤压严重的县区的农村男性实施婚姻暴力解决婚姻冲突的可能性较高，且倾向以肢体暴力这种明显的暴力方式为主；对农村女性而言，生活在结构性婚姻挤压严重的县区的农村女性实施婚姻暴力解决婚姻冲突的可能性较低；城乡流动使得农村人口/家庭离开这一压力氛围，可能会削弱结构性婚姻挤压产生的压力源对农村人口/家庭婚姻暴力的影响。

（三）微观层面自变量的本土化测量与分析

微观层面自变量主要包括个体层面的生育性别偏好和丈夫成婚困难两个变量。为了与宏观层面的男孩偏好文化相呼应，本研究通过个体的性别偏好生育观念测量个体的社会性别意识以及对父权文化的认同与支持程度，我们假定个体的男孩偏好生育观念越强烈，其对父权文化倡导的"男尊女卑"不平等的两性关系的父权意识的认同与支持程度越高。

1. 生育性别偏好与农村婚姻暴力

家庭父权制指男性在家庭中占据主导地位。家庭父权制认为父权意识意味着妻子对丈夫的顺从、尊重、忠诚、依赖。实证研究表明，当妻子的实际行为违背这些原则时，丈夫会倾向于实施婚姻暴力，且丈夫会认为这些情况是由妻子挑起事端的，其理所应当受到惩罚。

鉴于此，本研究认为具有强烈的男孩生育偏好的农村男性实施婚姻暴力解决婚姻冲突的可能性较高，且倾向以肢体暴力这种明显的暴力方式为主；与男性相反，具有强烈的男孩生育偏好的农村女性实施婚姻暴力解决婚姻冲突的可能性较低，且倾向以冷暴力这种较为"隐蔽"的暴力方式为主。

2. 丈夫成婚困难与农村婚姻暴力

在"普婚文化"盛行的乡土中国，婚姻的缔结被赋予了延续家庭、传承血脉的特殊意义，而中国父系家族体系决定了由男性承担延续家族和传宗接代这一重要使命。受这种文化观念的影响，无法成婚传后的农村男性将遭受来自其自身、家庭和社区的多重压力[200,208]。关于婚姻挤压下农村大龄未婚男性心理福利的研究表明，不能成婚带来的压力给这部分暂时或永久地游离于婚姻与家庭之外的男性的心理健康造成严重损害，其自尊心受到伤害、自卑心强、性格古怪、缺乏自我控制能力[200,209]；尤其是当这部分遭受挤压的未婚男性渴望成婚时，其会表现出较为严重的心理失范[210]。由此可见，对于这些不能顺利成婚的农村男性而言，即使他们最终完婚，其心理健康也可能在婚姻挤压中受到损害。心理学理论的支持者发现，存在自卑[211,212]、不会表达自己的思想或者沟通技巧差[213]、控制欲强[60]等认知、情感和行为缺陷的个体无法控制自己的暴力行为。从心理学角度来看，遭受成婚困难这一不愉快的人生经历给农村男性的心理健康造成了严重损害，他们因心理失衡而导致的认知和情感方面的缺陷使其在婚后处理夫妻冲突时缺乏技巧而导致冲突剧烈升级，最终以暴力结束。

择偶作为婚姻缔结的前提，会对未来的婚姻关系产生影响[214]。在中国婚姻市场中处于劣势地位的农村男性因在婚姻市场中"支付"女性的"议价"能力很弱，而很难寻觅到自己心目中期望的如意爱人[215]。已有实证研究发现，当现实伴侣的条件低于个体期望的理想伴侣时，会导致个体对婚姻关系的失望和不满，从而降低个体的婚姻满意度[216,217]。另外，当这部分遭受成婚困难的男性历尽艰辛组建家庭后，其与妻子很可能因配偶替代成本的不同而对现有婚姻家庭的珍视程度存在差异，从而对两性关系和婚姻质量造成负面影响[6]。由此可见，遭受成婚困难的男性因在婚姻市场中处于劣势地位，在婚姻缔结时很难找到理想配偶，从而很可能降低其婚后对婚姻生活的满意度。已有基于家庭层面分析男性施暴的研究指出婚姻暴力作为一种特殊的夫妻互动，会受夫妻情感关系的影响。从这个角度来说，有过成婚困难经历的男性受自身资源匮乏的限制很难获得幸福婚姻，低质量的婚姻关系带来的压力会提高其实施婚姻暴力以解决婚姻冲突的可能性。

婚姻市场理论认为个人资源的拥有状况决定其在婚姻市场中择偶竞争的优劣地位，自身拥有资源越匮乏、竞争力越差的社会底层男性将面临更为严重的婚配困难[218]。对婚配困难程度严重的农村男性而言，其在尚未成功构建婚姻家庭前因生活在恐慌无法成婚传后的高压环境中，心理健康会受到严重损害；当其倾尽极为有限的资源、穷尽所有可能运用的手段摆脱单身后，高昂的配偶替代成本会使他们极度恐慌失去现在的妻子，进而可能产生强烈的不安全感和控制欲，尤其是在"男多女少"的环境下，周围大量被迫游离于婚姻关系之外单身男性的增加给其婚姻稳定性带来的威胁无疑会使其心理健康状况更为脆弱。对婚配困难程度严重的农村男性而言，当其采用主流"男婚女嫁"的婚姻模式时，受其在婚姻市场中"支付"女性"议价"能力的限制，更难寻觅到合适伴侣，获得满意的婚姻生活。另外，当这些在婚姻市场中处于边缘地位的男性没有足够的能力实现"男婚女嫁"时，其不惜采用招赘婚姻、买婚等非主流的婚姻模式来努力结束单身，而非主流的婚姻模式很难带来高质量的婚姻生活，有的只能经历短暂的婚姻，而有的尽管成婚也是陷入繁重的生活负担[215]。由此可见，遭受婚配困难程度越严重的农村男性受自身资源匮乏的限制就越难获得高质量的婚姻关系，低质量的婚姻关系带来的压力会增加其实施肢体暴力的可能性。

综上所述，本研究认为对遭受过成婚困难的农村男性而言，婚配困难这一负面生活事件可能会通过影响其心理健康来影响其施暴的可能性；也可能会通过影响其与配偶间的情感关系来影响其实施婚姻暴力的可能性。但无论是哪一种影响途径或者两种影响途径同时存在，基于上文分析，本研究预期遭受婚配困难这一不愉快的人生经历会增加其实施婚姻暴力的可能性；对婚配困难程度越严重的农村男性而言，婚配困难这一负面事件很可能给其带来更为严重的心理创伤和更高的情感压力，婚配困难程度越严重的男性在面对婚姻冲突时实施肢体暴力的可能性越高。

对遭受成婚困难男性的妻子而言，她们一方面可能会受低质量的婚姻关系带来的压力影响，刺激其实施婚姻暴力的可能性；另一方面也可能会因为需要自我保护而被迫实施婚姻暴力。但无论是哪一种影响途径或者两种影响途径同时存在，本研究预期丈夫成婚困难会增加女性实施婚姻暴力的可能性。

3. 流动特征与农村婚姻暴力

考虑到伴随当前城市化进程的加快，越来越多的已婚农村人口流动到城市工作生活，流动一方面会对夫妻间的经济权力结构和情感关系产生影响，进而影响男性施暴，另一方面可能会通过影响个体的社会性别文化意识和个人的城市适应面临的压力程度进而影响个体的施暴行为。因此，本研究特别纳入"流动特征"要素。

在城乡流动的背景下，农村人口流动到城市后，不可避免存在文化观念和社会经济生活方式的适应过程，在适应过程中会遭遇语言障碍、有限的经济资源难以维持生存、传统乡土文化和现代工业文化引发的价值冲突、被歧视和社会制度隔离等各种类型的压力[19,20]，这些压力都可能导致流动到城市的个体与家庭的脆弱性和紧张的人际关系，从而引发心理健康和心理失范等问题的出现。Kim和Sung对生活在美国的韩国移民研究发现：移民的城市适应过程存在时间效应，个体和家庭在迁移后的初期阶段最容易面临和遭受各种类型的压力，引发心理和行为混乱；伴随流动时间的延长，其在新的环境中适应能力会逐渐增强，心理和行为混乱的状况也会有所好转[71]。Samuel对生活在加拿大的南亚移民的研究发现，有过迁移经历的个体会掌握更为丰富的谋生技能以及适应新环境的能力，在适应新环境的过程中所遭遇的困难和压力也会较少[188]。

因此本研究对个体流动特征的测量除了包括夫妻流动模式以外，还包括在城市的生活时间和有无流动经历两个变量来考察其在新环境中的适应情况。压力理论观点认为当个体没有充足的资源来应对外在压力源时，个体的心理平衡将被打破,导致个体出现心理或生理紧张反应,从而暂时或永久性损害个体的心理健康;压力和紧张愈来愈大时,个体实施婚姻暴力就是应对压力的后果。基于压力理论的观点,本研究认为在城市生活的时间愈长、流动经验愈丰富的个体会更加熟悉在城市生活和工作的规则,其应对压力的社会资源和能力更丰富,其因适应城市环境带来的压力所导致的心理健康受损程度就较轻,从而降低其实施婚姻暴力的可能性。另外,在城市生活的时间愈长、流动经验愈丰富的个体经过多年城市生活的熏陶,社会性别文化和规范意识也会受现代工业文化倡导的性别平等的影响,可以更加理性地处理两性关系。

(四) 控制变量的测量

本书参考已有的实证研究,将其他一些可能影响实施婚姻暴力的变量分为个人特征和婚姻家庭特征两个因素。其中个体特征包括教育、年龄、收入、职业和是否担心失业;婚姻家庭特征包括夫妻相对受教育程度、夫妻相对收入、夫妻年龄差、通婚圈、婚姻满意度、婚姻持续时间和家庭收入。

四 验证策略与研究方法

本研究实证分析使用的数据来自西安交通大学人口与发展研究所于2009年11月在福建省X市实施的"外来农村流动人口调查"和2010年1月到3月在全国28个省份(自治区、直辖市)的162个行政村进行的"百村个体调查"以及2010年第六次全国普查分县区数据。其中,"X市外来农村流动人口调查数据"主要用于分析婚姻挤压对流动的农村人口/家庭发生婚姻暴力的影响;"百村个体调查数据"主要用于分析婚姻挤压对未流动的农村人口/家庭发生婚姻暴力的影响,以及流动、婚姻挤压对所有农村人口/家庭发生婚姻暴力的影响;"2010年第六次普查分县区数据"主要用于提供被访对象所在户籍地县区的出生性别比和结构性婚姻挤压信息。

(一) 数据

1. X市外来农村流动人口调查数据

2009年福建省X市"外来农村流动人口调查"的受访对象为15周岁

以上持农村户口来到 X 市的外来务工人员，受访者分布在 X 市 Y 区下辖的所有 5 个街道。因为调查的目的之一是对农村流动人口的婚姻进行研究，所以希望调查样本中 5 类农村流动人口（包括已婚男性、28 岁以下未婚男性、28 岁及以上未婚男性、已婚女性和未婚女性）能够均匀分布。调查采用宽松的配额抽样方法，预定的样本量为 1500，每类农村流动人口的最低样本要求为 200。为了提高农村流动人口样本的代表性和多样性，调查分别在社区和单位进行，最终获得 489 个单位样本和 1018 个社区样本，共计 1507 个受访者。其中处于初婚状态且年龄在 60 岁以下的样本 681 人。

在本次调查的 1507 名农村流动人口中，以男性为主，所占比例为 59.7%；新生代农村流动人口成为流动人口的主体，16~29 岁占 59.1%，30~40 岁占 31.5%；已婚者比例几乎占到一半；初中文化程度的占多数，但高中及以上文化程度的比例提高，占到 41.6%；绝大多数以受雇就业为主，所占比例为 82.2%，自雇就业居次；受雇就业的行业集中分布于制造业和服务业，建筑业的比例仅占到 9%，这是由于 X 市 Y 区大规模的城市建设已在几年前完成，因此仅有小部分的农村流动人口在建筑业就业。非等概率抽样数据导致我们数据有些偏差，会限制一些关于分布或状态（比如整个农村流动人口群体当前婚姻暴力状况）结论的推广性，但通过与 2009 年国家统计局的"农民工监测调查报告"中农村流动人口基本特征的对比，发现我们样本的基本特征分布与国家统计局的数据基本是一致的，由此可见，我们的调查样本还是具有一定代表性的。

2. 百村个人调查数据

2010 年"百村个人调查"由西安交通大学人口与发展研究所组织大学生于 2010 年 1 月到 3 月在全国 28 个省份（自治区、直辖市）的 162 个行政村进行，受访对象为来自全国 28 个省份（自治区、直辖市）的 17 周岁以上的农村人口。因为调查主要目的是研究男性"婚姻挤压"对不同婚姻状况下农村人口，特别是大龄未婚男性人口生存状况的影响，所以调查设计的样本类型包括 28 岁以下未婚男性、28 岁及以上未婚男性、已婚男性、已婚女性和未婚女性 5 类人群。调查在 2009 年 7 月到 8 月"百村社区调查"基础上进行，具体抽样过程是：（1）根据村庄所处的区域位置和每个村庄中 28 岁及以上大龄未婚男性的数量，在"百村社区调查"涵盖的 364

个村庄中选择了162个村庄，覆盖东部9个省份、中部8个省份和西部11个省份；（2）在被选定的每个村庄中，综合考虑性别和年龄因素，对上述五类人群进行配额抽样，配额比例基本为5：5：1：1：1。最终获得有效样本1867人。

在这次抽样调查的1867名农村人口中，以28岁及以上的未婚男性为主，所占比例为41.8%；已婚男性和28岁以下未婚男性的比例分别为33.0%和10.7%；已婚女性和未婚女性的比例均为7.3%。总的来说，在本次调查的1867人中，处于初婚状态且年龄在60岁以下的样本有686人。

这两次大规模抽样调查共成功访问了1367位年龄60岁以下、婚姻状况为初婚的农村人口，调查样本的基本特征信息如表3-2所示。有关两次调查的具体抽样要求和过程及调查实施的具体情况，参见西安交通大学人口与发展研究所的相关调查报告[219,220]。

表3-2 样本分布与基本特征

基本特征	X市外来农村流动人口调查	百村个人调查
性别（人数）	681	686
男性（%）	53.5	82.5
女性（%）	46.5	17.5
年龄	681	685
20~30岁（%）	36.0	33.1
31~40岁（%）	46.3	16.4
41~50岁（%）	15.7	29.2
51~60岁（%）	2.1	21.3
受教育程度（人数）	680	682
小学及以下（%）	14.9	26.5
初中（%）	53.7	50.3
高中及以上（%）	31.4	23.2

续表

基本特征	X市外来农村流动人口调查	百村个人调查
出生年代（人数）	681	686
1980年以前（%）	69.8	66.9
1980年及以后（%）	30.2	33.1
目前有无流动	681	686
有（%）	100.0	28.3
无（%）	0	71.7
户籍所在地*（人数）	679	684
东部（%）	51.7	15.9
中部（%）	32.3	40.4
西部（%）	16.1	43.7

* 东部省份包括福建、江苏、山东、河北、浙江、海南、辽宁、上海、天津、广东；中部省份包括湖北、湖南、河南、安徽、江西、黑龙江、吉林、内蒙古、山西；西部省份包括青海、新疆、四川、贵州、陕西、重庆、甘肃、云南、宁夏、广西。

资料来源：X市外来农村流动人口调查和百村个人调查数据。

（二）分析策略与研究方法

在分析框架的基础上，接下来的第四章、第五章和第六章将基于性别与流动视角，从家庭和个体两个层面定量探索当代中国农村家庭发生婚姻暴力的特征，从宏观层面的社会文化规范、结构性婚姻挤压以及微观层面人口迁移流动特征、个人和家庭特征探索城乡流动背景下婚姻挤压对中国农村婚姻暴力的影响。

首先以家庭作为分析单位，比较分析婚姻挤压对未流动的农村家庭和流动的农村家庭中发生婚姻暴力的概率和类型的影响；其次以个人作为分析单位，引入性别视角比较分析婚姻挤压对未流动的农村男性和流动的农村男性实施婚姻暴力的概率和类型的影响，以及比较分析婚姻挤压对未流动的农村女性和流动的农村女性实施婚姻暴力的概率和类型的影响。具体的研究内容和对应的研究方法如表3-3所示。

表 3-3　实证分析部分的数据来源与对应统计方法

		百村个人调查数据		X 市外来农村流动人口调查数据
		所有农村人口/家庭*	未流动的农村人口/家庭	流动的农村人口/家庭
第4章 家庭婚姻暴力	样本数	633	417	583
	研究方法	交叉表分析、分层 Binary Logistic 模型、分层 Multi-Logistic 模型	交叉表分析、分层 Binary Logistic 模型、分层 Multi-Logistic 模型	交叉表分析、Binary Logistic 回归模型、Multi-Logistic 回归模型
第5章 男性实施婚姻暴力	样本数	523	342	310
	研究方法	交叉表分析、分层 Binary Logistic 模型、分层 Multi-Logistic 模型	交叉表分析、分层 Binary Logistic 模型、分层 Multi-Logistic 模型	交叉表分析、Binary Logistic 回归模型、Multi-Logistic 回归模型
第6章 女性实施婚姻暴力	样本数	523	342	280
	研究方法	交叉表分析、分层 Binary Logistic 模型、分层 Multi-Logistic 模型	交叉表分析、分层 Binary Logistic 模型、分层 Multi-Logistic 模型	交叉表分析、Binary Logistic 回归模型、Multi-Logistic 回归模型

*所有农村人口/家庭仅包括"百村个人调查"时未流动的农村人口/家庭，以及因过年临时返乡的农村流动人口/家庭。

五　小结

在第二章文献综述的基础上，本章首先通过对西方已有解释婚姻暴力发生的经典理论进行深入总结与解读，提出一般情境下解释婚姻暴力发生的概念框架；其次，对中国当前城乡流动和婚姻挤压的实际社会情境进行阐述，明晰中国农村婚姻暴力研究的情境特殊性；再次，在此基础上通过对一般情境下解释婚姻暴力发生的概念框架进行改进，构建适合于中国城乡流动和婚姻挤压情境下农村婚姻暴力研究的概念框架；此外，通过对改进后概念框架中的概念进行中国现实情境的本土化操作，形成了可用于城乡流动背景下婚姻挤压对中国农村婚姻暴力影响研究的分析框架；最后，介绍了验证思路与策略。本章为后面第四章、第五章和第六章的实证研究提供了扎实的理论支撑与策略指导。

第四章
婚姻挤压对农村家庭婚姻暴力的影响

以第三章城乡流动背景下婚姻挤压对农村婚姻暴力影响的分析框架为指导，本章和接下来的第五章、第六章将基于流动视角，从家庭和个体两个层面实证分析婚姻挤压对农村婚姻暴力的影响。本章主要以家庭作为分析单位，探寻婚姻挤压对未流动的农村家庭和流动的农村家庭中婚姻暴力发生率和婚姻暴力类型的影响。

一 研究设计

（一）研究内容

在过去40多年中，婚姻暴力逐渐受到了社会公众的关注，越来越多的社会科学工作者将婚姻暴力作为一个严肃的社会问题进行研究。通过对已有研究成果的梳理，我们发现目前学术界对婚姻暴力问题的认识和理解多以个体作为分析单位，集中关注为什么男性实施婚姻暴力或者关注女性为什么遭受婚姻暴力，缺乏以家庭为单位的分析。婚姻暴力作为夫妻互动的行为，也是家庭系统中婚姻关系失调的产物。为了更深入和全面地认识和揭示当前城乡流动和婚姻挤压情境下的中国农村家庭中的婚姻暴力问题，有必要将对婚姻暴力问题的理解由传统个体作为分析单位扩展到以家庭作为分析单位，从家庭层面定量探索当代中国农村家庭发生婚姻暴力的特征和影响因素。

在第三章提出的城乡流动背景下婚姻挤压对农村婚姻暴力影响的分析框架的指导下，本章的研究内容主要包括以下三个方面。第一，了解城乡流动和婚姻挤压情境下农村家庭中婚姻暴力的总体状况及内部差异。第二，比较分析宏观县区层面男孩偏好文化和结构性婚姻挤压因素以及微观层面的丈夫成婚困难经历因素，对未流动的农村家庭和流动的农村家庭中发生婚姻暴力可能性的影响。第三，比较分析宏观县区层面男孩偏好文化和结构性婚姻挤压因素以及微观层面的丈夫成婚困难经历因素，对未流动的农村家庭和流动的农村家庭中发生婚姻暴力类型的影响。

（二）变量设置

1. 因变量

（1）发生婚姻暴力

本研究借鉴目前国际上流行的"冲突策略量表"[29]，并进行了简化修改。询问被访者"近一年来，当您与配偶发生争吵或产生矛盾后，您有没有采用过下列行为？"和"近一年来，当您与配偶发生争吵或产生矛盾后，您有没有遭受过下列行为？"来获取被访对象是否实施婚姻暴力和遭受婚姻暴力的信息。以实施婚姻暴力的划分为例，将采用过"长时间不和对方说话、推搡、打耳光、拳打脚踢"中任何一种暴力形式视为实施过婚姻暴力；将只采用"讲道理"的形式划分为不实施暴力。对遭受婚姻暴力的划分与实施婚姻暴力的划分相同，将遭受过"长时间不和对方说话、推搡、打耳光、拳打脚踢"中任何一种暴力形式视为遭受过婚姻暴力。

本研究根据受访者报告的个人实施婚姻暴力和遭受婚姻暴力的情况，划分家庭中是否发生婚姻暴力。如果受访者回答"既未实施婚姻暴力，也未遭受婚姻暴力"，将其所在的家庭划分为"没有婚姻暴力"；如果受访者回答"实施婚姻暴力"或"遭受婚姻暴力"，将其所在的家庭划分为"有婚姻暴力"。

（2）婚姻暴力类型的划分。本研究根据受访者报告的个人实施婚姻暴力和遭受婚姻暴力的情况，将其所在家庭中的婚姻暴力类型分为"无婚姻暴力"、"丈夫单方施暴"、"夫妻相互施暴"和"妻子单方施暴"四类。

2. 自变量

自变量包括宏观层面的县区出生性别比、县区同年龄组性别比、县区区域类型，以及微观层面的丈夫成婚困难经历和夫妻流动模式五个变量。

县区出生性别比。本研究根据2010年第六次普查分县区数据中0岁男婴和0岁女婴的数量计算得出每个县区的出生性别比。出生性别比越高，说明该县区的男孩偏好文化氛围越浓郁，"男尊女卑、男性优于女性"的文化意识形态越受公众的认同。

县区同年龄组性别比。本研究使用丈夫所在年龄组的性别比表示同年龄组性别比。同年龄组的性别比越高，表示结构性婚姻挤压程度越高。

县区区域类型。依据中国"七五"计划以及1999年的西部大开发战略将县区分为东部、中部和西部三类。东部省份包括福建、江苏、山东、河北、浙江、海南、辽宁、上海、天津、广东；中部省份包括湖北、湖南、河南、安徽、江西、黑龙江、吉林、内蒙古、山西；西部省份包括青海、新疆、四川、贵州、陕西、重庆、甘肃、云南、宁夏、广西。

丈夫成婚困难经历。本研究在问卷中询问了男性被访者"您是否觉得自己曾经遭受过成婚困难"，因此如果受访男性回答"是"，则将其划分为丈夫有成婚困难经历。由于本研究在问卷中未直接询问女性被访者的丈夫有无遭受成婚困难的主观评价，因此本研究使用丈夫的初婚年龄测量受访女性的丈夫在婚姻缔结过程中有无成婚困难经历。同时考虑到流动对初婚年龄的影响，在未流动的农村家庭中，将丈夫初婚年龄在26岁及以后的划分为经历成婚困难；在流动的农村家庭中，将丈夫初婚年龄在28岁及以后的划分为经历成婚困难。

夫妻流动模式。在所有农村家庭中分为夫妻都不流动、夫妻共同流动、仅妻子流动和仅丈夫流动四类；在流动的农村家庭中分为夫妻共同流动、仅妻子流动和仅丈夫流动三类。

3. 控制变量

在对所有农村家庭分析中，包括通婚圈、婚姻持续时间、丈夫受教育程度、夫妻相对受教育程度、夫妻相对收入、夫妻年龄差、夫妻流动模式和家庭收入对数。在对未流动的农村家庭分析中，包括通婚圈、婚姻持续时间、丈夫受教育程度、夫妻相对受教育程度、夫妻相对收入、夫妻年龄差和家庭收入对数。在对流动的农村家庭分析中，包括通婚圈、婚姻持续时间、夫妻平均受教育年限、夫妻相对受教育程度、夫妻相对收入、夫妻年龄差和家庭收入对数。

通婚圈可以区分为地理意义和社会意义两种范畴，本研究的通婚圈主要指地理通婚圈，询问被访者"您的配偶是什么地方人？"，划分为"县内（包括本村、本乡他村和本县他乡）"、"本市他县"和"跨市（包括本省他市和外省）"三类。

丈夫受教育程度分为小学及以下、初中和高中及以上三类，以小学及以下为基准变量，建立两个虚拟变量表示。夫妻平均受教育年限，为连续变量。

夫妻相对受教育程度，通过夫妻的受教育程度对比来衡量，分为丈夫受教育程度高、夫妻受教育程度相同和妻子受教育程度高三类。夫妻相对收入，通过丈夫占夫妻总收入的比例衡量，分为丈夫比妻子收入高、夫妻相同和妻子收入高三类。夫妻年龄差分为三类：夫妻年龄相同或丈夫比妻子大2岁及以内、丈夫比妻子大3岁及以上、妻子年龄大。家庭收入对数以实际值取对数的形式进入模型，为连续变量。

表4-1给出了自变量和控制变量的描述性信息。

表4-1 自变量和控制变量的描述性信息

变量	所有农村家庭 均值	所有农村家庭 标准差	未流动的农村家庭 均值	未流动的农村家庭 标准差	流动的农村家庭 均值	流动的农村家庭 标准差
宏观层面	N=124		N=115		N=583	
县区出生性别比	117.72	9.54	117.71	9.73	127.93	17.73
县区同年龄组性别比	102.48	11.03	103.86	8.95	99.63	8.20
县区区域类型（东部）						
中部	0.38	0.49	0.38	0.49	0.32	0.47
西部	0.43	0.50	0.43	0.50	0.16	0.37
微观层面	N=633		N=417		N=583	
丈夫经历成婚困难	0.26	0.44	0.28	0.45	0.20	0.40
流动特征						
夫妻流动模式（都不流动）						
共同流动	0.14	0.34	—	—	—	—
仅妻子流动	0.06	0.24	—	—	0.05	0.22
仅丈夫流动	0.18	0.38	—	—	0.14	0.35

续表

变量	所有农村家庭		未流动的农村家庭		流动的农村家庭	
	均值	标准差	均值	标准差	均值	标准差
婚姻家庭特征						
通婚圈（县内）						
本市他县	0.11	0.31	0.12	0.32	0.08	0.26
跨市	0.11	0.32	0.10	0.30	0.23	0.43
丈夫受教育程度（小学及以下）						
初中	0.50	0.50	0.47	0.50	—	—
高中及以上	0.25	0.43	0.26	0.44	—	—
夫妻平均受教育年限	—	—	—	—	8.45	2.36
夫妻相对受教育程度（相同）						
丈夫高	0.30	0.64	0.33	0.47	0.38	0.49
妻子高	0.14	0.35	0.12	0.32	0.10	0.29
夫妻相对收入（相同）						
丈夫高	0.64	0.48	0.73	0.45	0.74	0.44
妻子高	0.21	0.41	0.10	0.30	0.14	0.34
夫妻年龄差（0≤丈夫减妻子年龄≤2）						
3+	0.27	0.45	0.33	0.47	0.38	0.48
<0	0.25	0.43	0.17	0.37	0.10	0.30
婚姻持续时间	—	—	—	—	10.12	7.54
不满20年	0.54	0.50	0.44	0.50	—	—
家庭收入对数	9.77	0.86	9.69	0.90	8.28	0.56
<0	0.25	0.43	0.17	0.37	0.10	0.30

资料来源：X市外来农村流动人口调查和百村个人调查数据。

（三）研究方法与分析策略

本章首先分别对未流动的农村家庭和流动的农村家庭中发生婚姻暴力

的状况进行描述性分析；其次分别对未流动农村家庭和流动的农村家庭中发生婚姻暴力的影响因素进行回归分析，并对回归结果进行对比分析；最后分别对未流动农村家庭和流动的农村家庭中婚姻暴力类型的影响因素进行回归分析，并对回归结果进行对比分析。

由于因变量"发生婚姻暴力"是二分类变量，因此对未流动的农村家庭中发生婚姻暴力类型的分析分别采用分层 Binary Logistic 随机截距模型进行分析；对流动的农村家庭中发生婚姻暴力的分析则采用一般 Binary Logistic 回归模型进行分析。

由于因变量"婚姻暴力类型"是三分类变量，因此对未流动的农村家庭中婚姻暴力类型的分析分别采用分层 Multi-Logistic 随机截距模型进行分析；对流动的农村家庭中婚姻暴力类型的分析则采用一般 Multi-Logistic 回归模型进行分析。

1. 分层 Binary Logistic 随机截距模型

第一层模型：

$$\ln[P/(1-P)] = B0 + B1 \times (丈夫经历成婚困难) + B2 \times (本市他县) + B3 \times (跨市)$$
$$+ B4 \times (婚姻持续时间不满20年) + B5 \times (丈夫初中) + B6 \times (丈夫高中)$$
$$+ B7 \times (丈夫受教育程度高) + B8 \times (妻子受教育程度高) + B9 \times (丈夫收入高)$$
$$+ B10 \times (妻子收入高) + B11 \times (丈夫比妻子大3岁及以上)$$
$$+ B12 \times (妻子年龄大) + B13 \times (家庭收入对数) \tag{4-1}$$

式中：P——"未流动的农村家庭有婚姻暴力"的概率；

$1-P$——参考项"没有婚姻暴力"。

第二层模型：

$B0 = G00 + G01 \times （中部） + G02 \times （西部） + G03 \times （县区出生性别比） + G04 \times （县区同年龄组性别比） + U0$

$B1 = G10$

$B2 = G20$

$B3 = G30$

$B4 = G40$

$B5 = G50$

$B6 = G60$

$B7 = G70$

$B8 = G80$

$B9 = G90$

$B10 = G100$

$B11 = G110$

$B12 = G120$

$B13 = G130$

2. 分层 Multi-Logistic 随机截距模型

第一层模型：

$$\begin{aligned} P(1) &= \text{Prob}[Y=1] \\ P(2) &= \text{Prob}[Y=2] \\ P(3) &= \text{Prob}[Y=3] \\ P(4) &= 1-P(1)-P(2)-P(3) \end{aligned} \quad (4-2)$$

式中：P（1）——"丈夫单方施暴"的概率；

P（2）——"夫妻相互施暴"的概率；

P（3）——"妻子单方施暴"的概率；

P（4）——参考项"无婚姻暴力"。

ln［P（1）/P（4）］= B0（1）+B1（1）×（丈夫经历成婚困难）+B2（1）×（本市他县）+B3（1）×（跨市）+B4（1）×（婚姻持续时间不满20年）+B5（1）×（丈夫初中）+B6（1）×（丈夫高中）+B7（1）×（丈夫受教育程度高）+B8（1）×（妻子受教育程度高）+B9（1）×（丈夫收入高）+B10（1）×（妻子收入高）+B11（1）×（丈夫比妻子大3岁及以上）+B12（1）×（妻子年龄大）+B13（1）×（家庭收入对数）

ln［P（2）/P（4）］= B0（2）+B1（2）×（丈夫经历成婚困难）+B2（2）×（本市他县）+B3（2）×（跨市）+B4（2）×（婚姻持续时间不满20年）+B5（2）×（丈夫初中）+B6（2）×（丈夫高中）+B7（2）×（丈夫受教育程度高）+B8（2）×（妻子受教育程度高）+B9（2）×（丈夫收入高）+B10（2）×（妻子收入高）+B11×（2）（丈夫比妻子大3岁及

以上) +B12 (2) × (妻子年龄大) +B13 (2) × (家庭收入对数)

ln [P (3) /P (4)] = B0 (3) +B1 (3) × (丈夫经历成婚困难) +B2 (3) × (本市他县) +B3 (3) × (跨市) +B4 (3) × (婚姻持续时间不满 20 年) +B5 (3) × (丈夫初中) +B6 (3) × (丈夫高中) +B7 (3) × (丈夫受教育程度高) +B8 (3) × (妻子受教育程度高) +B9 (3) × (丈夫收入高) +B10 (3) × (妻子收入高) +B11 (3) ×(丈夫比妻子大 3 岁及以上) +B12 (3) × (妻子年龄大) +B13 (3) × (家庭收入对数)

第二层模型：

B0 (1) = G00 (1) +G01 (1) × (中部) +G02 (1) × (西部) +G03 (1) × (县区出生性别比) +G04 (1) × (县区同年龄组性别比) +U0 (1)

 B1 (1) = G10 (1)

 B2 (1) = G20 (1)

 B3 (1) = G30 (1)

 B4 (1) = G40 (1)

 B5 (1) = G50 (1)

 B6 (1) = G60 (1)

 B7 (1) = G70 (1)

 B8 (1) = G80 (1)

 B9 (1) = G90 (1)

 B10 (1) = G100 (1)

 B11 (1) = G110 (1)

 B12 (1) = G120 (1)

 B13 (1) = G130 (1)

B0 (2) = G00 (2) +G01 (2) × (中部) +G02 (2) × (西部) +G03 (2) × (县区出生性别比) +G04 (2) × (县区同年龄组性别比) +U0 (2)

 B1 (2) = G10 (2)

 B2 (2) = G20 (2)

 B3 (2) = G30 (2)

$B4\ (2) = G40\ (2)$

$B5\ (2) = G50\ (2)$

$B6\ (2) = G60\ (2)$

$B7\ (2) = G70\ (2)$

$B8\ (2) = G80\ (2)$

$B9\ (2) = G90\ (2)$

$B10\ (2) = G100\ (2)$

$B11\ (2) = G110\ (2)$

$B12\ (2) = G120\ (2)$

$B13\ (2) = G130\ (2)$

$B0\ (3) = G00\ (3) + G01\ (3) \times (中部) + G02\ (3) \times (西部) + G03\ (3) \times (县区出生性别比) + G04\ (3) \times (县区同年龄组性别比) + U0\ (3)$

$B1\ (3) = G10\ (3)$

$B2\ (3) = G20\ (3)$

$B3\ (3) = G30\ (3)$

$B4\ (3) = G40\ (3)$

$B5\ (3) = G50\ (3)$

$B6\ (3) = G60\ (3)$

$B7\ (3) = G70\ (3)$

$B8\ (3) = G80\ (3)$

$B9\ (3) = G90\ (3)$

$B10\ (3) = G100\ (3)$

$B11\ (3) = G110\ (3)$

$B12\ (3) = G120\ (3)$

$B13\ (3) = G130\ (3)$

3. Binary Logistic 回归模型

$$\text{logit}(Y) = \ln\left(\frac{p}{1-p}\right) = \alpha + \sum_{k=1}^{n} \beta_k X_k + \mu \quad (4-3)$$

式中：P——流动的农村家庭有婚姻暴力的概率，参考项为"没有婚姻暴力"；

X_k——影响流动的农村家庭发生婚姻暴力的自变量和控制变量；

β——X_k的回归系数；

α——常数项；

μ——随机误差。

下标 $k=1,2,\cdots,18$。X_1代表"县区出生性别比"；X_2代表"县区同年龄组性别比"；X_3、X_4代表"县区区域类型"的分类变量，分别表示"中部"和"西部"；X_5代表"丈夫有无成婚困难经历"的分类变量，表示"丈夫有成婚困难经历"；X_6、X_7代表"通婚圈"的分类变量，分别表示"本市他县"和"跨市"；X_8代表连续变量"夫妻平均受教育年限"；X_9、X_{10}代表"夫妻相对受教育程度"的分类变量，分别表示"丈夫受教育程度高"和"妻子受教育程度高"；X_{11}、X_{12}代表"夫妻相对收入"的分类变量，分别表示"丈夫收入高"和"妻子收入高"；X_{13}、X_{14}代表"夫妻年龄差"的分类变量，分别表示"丈夫比妻子大3岁及以上"和"妻子年龄大"；X_{15}、X_{16}代表"夫妻外出打工状况"的分类变量，分别表示"仅妻子流动"和"仅丈夫流动"；X_{17}表示连续变量"婚姻持续时间"；X_{18}表示连续变量"家庭收入对数"。

4. Multinomial Logistic 回归

$$Mlogit(Y) = \ln\left(\frac{p_i}{p_1}\right) = \alpha_i + \sum_{k=1}^{n}\beta_{ik}X_k + \mu_i, i=2,3 \qquad (4-4)$$

式中：P_2——"夫妻相互施暴"的概率；

P_3——"丈夫单方施暴"的概率；

P_4——"妻子单方施暴"的概率；

P_1——参考项"没有婚姻暴力"；

X_k——影响农村家庭婚姻暴力类型的自变量和控制变量；

β——X_k的回归系数；

α——常数项；

μ——随机误差。

下标 $k=1, 2, \cdots, 18$。X_1 代表 "县区出生性别比";X_2 代表 "县区同年龄组性别比";X_3、X_4 代表 "县区区域类型" 的分类变量,分别表示 "中部" 和 "西部";X_5 代表 "丈夫有无成婚困难经历" 的分类变量,表示 "丈夫有成婚困难经历";X_6、X_7 代表 "通婚圈" 的分类变量,分别表示 "本市他县" 和 "跨市";X_8 代表连续变量 "夫妻平均受教育年限";X_9、X_{10} 代表 "夫妻相对受教育程度" 的分类变量,分别表示 "丈夫受教育程度高" 和 "妻子受教育程度高";X_{11}、X_{12} 代表 "夫妻相对收入" 的分类变量,分别表示 "丈夫收入高" 和 "妻子收入高";X_{13}、X_{14} 代表 "夫妻年龄差" 的分类变量,分别表示 "丈夫比妻子大 3 岁及以上" 和 "妻子年龄大";X_{15}、X_{16} 代表 "夫妻外出打工状况" 的分类变量,分别表示 "仅妻子流动" 和 "仅丈夫流动";X_{17} 表示连续变量 "婚姻持续时间";X_{18} 表示连续变量 "家庭收入对数"。

二 农村家庭婚姻暴力的状况分析

(一) 总体水平

调查发现,大多数(56.6%)的未流动农村家庭在解决婚姻冲突时,会发生婚姻暴力(见图 4-1),且以夫妻相互施暴为主,丈夫或妻子单方施暴的家庭比例占到 16.6%;值得注意的是,妻子单方施暴家庭的比例超过丈夫单方施暴的家庭。有关男女双方在婚姻冲突中是否有同样的概率实施暴力一直是国内外婚姻暴力研究中持续时间最长、最为激烈的争论之一。比如在 1985 年的全美国家庭暴力调查中,12.1%的女性和 11.3%的男性报告在过去一年中对配偶实施过肢体暴力[29]。国内对农村和城市的研究表明,虽然存在女打男的现象,但男打女的比例明显高于女打男的比例[67,92,97]。本研究发现,夫妻相互施暴是当代中国农村大多数家庭解决婚姻冲突的方式,但妻子单方施暴家庭的比例超过丈夫单方施暴家庭的比例,可能是由于对婚姻暴力类型测度的不同,本研究的测度包括肢体暴力和冷暴力;也可能是由于中国当前婚姻挤压和城乡流动改变了农村家庭生活的社会场域,影响了夫妻间的互动行为。

通过对目前正在流动家庭中发生婚姻暴力的分析可知,流动降低了解决婚姻冲突时发生婚姻暴力的比例，夫妻相互施暴依然是其家庭中发生婚姻暴力的主要类型，发生丈夫单方施暴的比例有所增加，发生妻子单方施暴的比例有所降低。流动农村家庭中发生婚姻暴力比例的降低，可能是流动使得农村人口远离了父权文化占主导的乡土文化场域，并为其提供了接触现代城市文明的机会，农村人口传统"男高女低"的社会性别意识开始弱化，且更加认同男女平等的两性关系。调查发现与未流动的农村家庭相比，流动的农村家庭中丈夫专权的比例大大降低[204]。已有实证研究表明丈夫专权的家庭发生婚姻冲突程度和婚姻暴力的比例最高[69]，流动带来的家庭中丈夫专权比例的降低、夫妻平权比例的上升有利于降低家庭中发生婚姻暴力的比例。

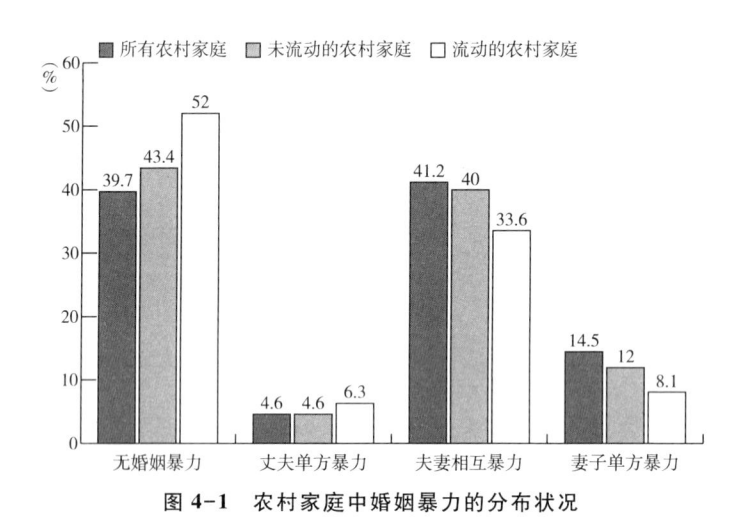

图 4-1 农村家庭中婚姻暴力的分布状况

（二）结构差异

1. 夫妻流动模式与农村家庭中婚姻暴力的分布

研究结果显示（见表 4-2），流动显著增加了农村家庭中婚姻暴力的发生率。具体地说，"夫妻都不流动"家庭中发生婚姻暴力的比例最低；夫妻流动模式为"仅丈夫单独流动或仅妻子单独流动"时，更容易发生婚姻暴力；尤其是当夫妻流动模式为"仅妻子流动"时，家庭中发生婚姻暴力的比例最高，占所有农村家庭的比例高达72%。

从家庭中发生婚姻暴力的类型来看，流动的农村家庭中更容易发生夫妻相互施暴现象，夫妻流动模式为"仅丈夫单独流动或仅妻子单独流动"的家庭发生夫妻相互施暴的比例高于"夫妻共同流动"的家庭，尤其是当夫妻流动模式为"仅丈夫流动"时，家庭中发生夫妻相互施暴的比例最高，占所有农村家庭的比例高达52.2%（见表4-2）。值得注意的是，在所有农村家庭中"仅妻子流动"的家庭发生丈夫单方施暴的比例最低，而发生妻子单方施暴的比例最高；发生丈夫单方施暴比例最高的家庭是"夫妻双双流动"的家庭。从LR检验的结果来看，夫妻流动模式对农村家庭中婚姻暴力的分布状况具有显著影响。

表4-2 夫妻流动模式与农村家庭婚姻暴力类型的分布

单位：%

		夫妻流动模式				
		都不流动	共同流动	仅丈夫流动	仅妻子流动	LR检验
所有农村家庭	无婚姻暴力	43.5	36.0	31.0	28.0	***
	丈夫单方施暴	4.4	10.5	1.8	0.0	
	夫妻相互施暴	39.9	31.4	52.2	48.0	
	妻子单方施暴	12.2	22.1	15.0	24.0	
流动的农村家庭	无婚姻暴力	—	53.1	44.4	55.2	ns
	丈夫单方施暴	—	6.3	8.6	0.0	
	夫妻相互施暴	—	33.4	34.6	34.5	
	妻子单方施暴	—	7.2	12.3	10.3	

注：*** $p<0.001$；** $p<0.01$；* $p<0.05$；+ $p<0.1$。
资料来源：X市外来农村流动人口调查和百村个人调查数据。

2. 丈夫成婚困难经历与农村家庭中婚姻暴力的分布

无论是未流动的农村家庭还是流动的农村家庭，若丈夫在婚姻缔结中经历过成婚困难，其辛苦构建家庭后发生婚姻暴力的比例均较高，且以夫妻相互施暴为主（见表4-3）。具体地讲，在未流动的农村家庭中，丈夫在婚姻缔结中经历成婚困难，其婚后夫妻间发生暴力的比例高达65.5%，明显高于丈夫没有经历成婚困难的家庭12.2个百分点；但无论丈夫有无经历成婚困难，其家庭中发生丈夫或妻子单方施暴的比例相当。在流动的农村家庭中，丈夫在婚姻缔结中经历成婚困难，其婚后夫妻间发生暴力的比例占到57.2%，明显高于丈夫没有经历成婚困难家庭11.5个百分点；其婚后夫妻间发生单方施暴的比例高于丈夫没有经历成婚困难家庭4.4个百分点，且发生的单方施暴以丈夫单方施暴为主。

从LR检验的结果来看：无论是目前未流动的农村家庭，还是目前正在流动的农村家庭，丈夫成婚困难经历对农村家庭婚姻暴力类型的分布均具有显著影响。已有学者认为，婚姻挤压会使婚姻的不稳定因素增加，可能会造成婚姻暴力增多[6]。本研究这一稳健性的发现在一定程度上表明出生性别比持续偏高导致的男性"婚姻挤压"引发的男性婚配危机，还很可能引发连锁效应，增加农村家庭中发生婚姻暴力的比例。

表4-3 丈夫成婚困难经历与农村家庭婚姻暴力类型的分布

单位：%

		丈夫有无经历成婚困难		LR检验
		有	无	
所有农村家庭	无婚姻暴力	30.5	42.9	**
	丈夫单方施暴	6.1	4.1	
	夫妻相互施暴	50.6	38.0	
	妻子单方施暴	12.8	15.1	
未流动的农村家庭	无婚姻暴力	34.5	46.7	+
	丈夫单方施暴	4.4	4.6	
	夫妻相互施暴	49.6	36.5	
	妻子单方施暴	11.5	12.2	
流动的农村家庭	无婚姻暴力	42.7	54.3	*
	丈夫单方施暴	9.4	5.6	
	夫妻相互施暴	39.3	32.2	
	妻子单方施暴	8.5	7.9	

注：*** $p<0.001$；** $p<0.01$；* $p<0.05$；+ $p<0.1$。
资料来源：X市外来农村流动人口调查和百村个人调查数据。

3. 宏观层面男孩偏好文化、结构性婚姻挤压与农村家庭中婚姻暴力的分布

对目前生活在传统乡土社会的农村家庭而言（见表4-4），尽管从单因素方差分析的检验结果来看，宏观层面的男孩偏好文化和结构性婚姻挤压对未流动农村家庭婚姻暴力类型的分布没有显著影响；但是在传统父权文化体制下衍生出的男孩偏好文化氛围严重的地区的家庭呈现出发生婚姻暴力的比例较高，且更容易发生丈夫单方施暴以及同年龄组性别比越高，发生丈夫单方施暴比例越高的特征。

对目前流动的家庭而言（见表4-4），与未流动的农村家庭相似，来自男孩偏好文化氛围严重的地区的家庭呈现发生婚姻暴力的比例较高，且更容易发生丈夫单方施暴的特征；但单因素方差分析结果表明这一特征不显著。另外，县区的同年龄组性别比对流动农村家庭婚姻暴力类型的分布也没有显著影响。来自不同地区的家庭中发生婚姻暴力的分布呈现显著差异：来自西部地区的流动家庭发生婚姻暴力的比例最低，其次是东部地区的流动家庭。但不同地区间的流动家庭发生的婚姻暴力类型均以夫妻相互施暴为主，且丈夫或妻子单方施暴的比例相当。

表4-4 男孩偏好文化、结构性婚姻挤压与农村家庭婚姻暴力类型的分布

单位：%

		县区区域类型				县区出生性别比		县区同年龄组性别比	
		东部	中部	西部	LR检验	均值	AVON分析	均值	AVON分析
所有农村家庭	无婚姻暴力	29.0	45.0	38.5	ns	116.27	ns	103.88	ns
	丈夫单方施暴	4.0	4.6	4.8		117.60		102.98	
	夫妻相互施暴	52.0	36.2	42.1		116.34		102.97	
	妻子单方施暴	15.0	14.2	14.7		117.35		102.64	
未流动的农村家庭	无婚姻暴力	33.8	47.4	43.4	ns	115.78	ns	104.62	ns
	丈夫单方施暴	4.1	4.0	4.6		118.40		105.81	
	夫妻相互施暴	50.0	36.6	40.0		117.45		103.05	
	妻子单方施暴	12.2	12.0	12.0		116.19		104.48	

续表

		县区区域类型			LR检验	县区出生性别比		县区同年龄组性别比	
		东部	中部	西部		均值	AVON分析	均值	AVON分析
流动的农村家庭	无婚姻暴力	51.5	47.1	63.4	*	127.54	ns	100.24	ns
	丈夫单方施暴	5.6	7.4	6.5		129.95		99.22	
	夫妻相互施暴	33.9	39.7	20.4		128.08		99.02	
	妻子单方施暴	9.0	5.8	9.7		128.17		98.51	

注：*** p<0.001；** p<0.01；* p<0.05；+p<0.1。
资料来源：X市外来农村流动人口调查和百村个人调查数据。

三 婚姻挤压对农村家庭发生婚姻暴力概率的影响

（一）所有农村家庭发生婚姻暴力的影响

表4-5报告了婚姻挤压对所有农村家庭发生婚姻暴力可能性影响的回归结果。

宏观县区层面的男孩偏好文化和同年龄组性别比对增加或降低夫妻间发生婚姻暴力的可能性没有显著影响，但宏观县区区域类型对家庭中发生婚姻暴力的可能性具有显著影响，表现为与东部地区家庭相比，中部地区家庭发生婚姻暴力的可能性更低。

微观层面丈夫成婚困难的经历会显著增加夫妻间发生婚姻暴力的可能性。本调查发现丈夫经历成婚困难的家庭的社会经济地位明显低于其他家庭，意味着这种类型弱势家庭受资源匮乏的影响更容易面临和遭受更多的压力，引发婚姻冲突和婚姻暴力。流动对农村家庭中发生婚姻暴力的可能性具有显著影响，"夫妻共同流动"和"仅妻子流动"的家庭发生婚姻暴力的可能性更高。本研究认为"夫妻共同流动"的模式会增加家庭中发生婚姻暴力的可能性，可能是由于城乡流动使得这一类型家庭中的夫妻离开了熟悉的乡土社会，来到陌生的现代工业社会，其夫妻双方在迁移后的城市适应阶段均会面临和遭受各种类型的压力挑战，已有研究表明处于高压环境中的家庭极容易发生更多的婚姻冲突和婚姻暴力[114]。相比之下，"仅妻子流动"的家庭中也更容易发生婚姻暴力则可能是由于这一夫妻流动模式违背了中国传统父权文化规范对两性角色分工的规定（男主外，负责赚钱和养家糊口；女主内，负责持家和相夫教子），容易引发夫妻关系的失调，从而造成婚姻冲突和婚姻暴力的发生。

控制变量中，丈夫受教育程度越高的家庭发生婚姻暴力的可能性越低；与夫妻受教育程度相同的家庭相比，丈夫受教育程度高于妻子的家庭容易发生婚姻暴力；与夫妻收入水平相同的家庭相比，丈夫收入低于妻子的家庭更容易发生婚姻暴力。

表4-5 婚姻挤压对所有农村家庭发生婚姻暴力概率影响的 Binary Logistic 随机截距模型分析

变量名称	系数	标准误
固定效应		
截距	-0.897	2.726
宏观层面		
县区出生性别比	0.006	0.015
县区同年龄组性别比	-0.011	0.013
县区区域类型（东部）		
中部	-0.922*	0.391
西部	-0.488	0.402
微观层面		
丈夫经历成婚困难	0.541*	0.216
流动特征		
夫妻流动模式（都不流动）	0.404	0.322
共同流动	0.884+	0.503
仅妻子流动	0.643*	0.275
仅丈夫流动	0.404	0.322
婚姻家庭特征		
婚姻持续时间不满20年	0.229	0.370
丈夫受教育程度（小学及以下）		
初中	-0.430+	0.259

续表

变量名称	系数	标准误
高中及以上	-0.514+	0.308
夫妻相对受教育程度（相同）		
丈夫高	0.498+	0.268
妻子高	0.267	0.297
夫妻相对收入（相同）		
丈夫高	0.364	0.280
妻子高	0.720+	0.421
夫妻年龄差（0≤丈夫减妻子年龄≤2）		
3+	0.035	0.234
<0	0.047	0.243
通婚圈（县内）		
本市他县	-0.267	0.326
跨市	0.118	0.325
家庭收入对数	0.192	0.145
随机效应		
截距	1.185	
卡方值	245.318***	
Log likelihood	-910.083	

注：*** $p<0.001$；** $p<0.01$；* $p<0.05$；+ $p<0.1$。
资料来源：百村个人调查数据。

（二）未流动的农村家庭发生婚姻暴力的影响

表4-6报告了婚姻挤压对未流动的农村家庭发生婚姻暴力概率影响的回归结果。结果发现其具有以下几个方面的特征。

宏观县区层面的男孩偏好文化和结构性婚姻挤压因素对增加或降低未流动的农村家庭中夫妻间发生婚姻暴力的可能性没有显著影响。但微观层面丈夫成婚困难的经历会显著增加夫妻间婚姻暴力的可能性。

控制变量中，与"县内通婚"相比，"跨市通婚"的夫妻婚后发生婚姻暴力的可能性更高，这可能是由于远距离通婚的夫妻容易因彼此观念的不同产生冲突和矛盾；丈夫受教育程度越高的家庭发生婚姻暴力的可能性越低，这一结果在一定程度上表明夫妻文化程度高的家庭可以更加理性地解决夫妻间的冲突；与夫妻受教育程度相同的家庭相比，丈夫受教育程度高于妻子的家庭容易发生婚姻暴力；"妻大夫小"的家庭发生婚姻暴力的可能性较低。

表 4-6　婚姻挤压对未流动的农村家庭发生婚姻暴力概率影响的 Binary Logistic 随机截距模型分析

变量名称	系数	标准误
固定效应		
截距	-0.479	3.016
宏观层面		
县区出生性别比	0.016	0.016
县区同年龄组性别比	-0.020	0.018
县区区域类型（东部）		
中部	-0.587	0.439
西部	-0.334	0.454
微观层面		
丈夫经历成婚困难	0.540*	0.265
婚姻家庭特征		
婚姻持续时间不满 20 年	-0.118	0.459
丈夫受教育程度（小学及以下）		
初中	-0.618+	0.334
高中及以上	-0.801+	0.438
夫妻相对受教育程度（相同）		
丈夫高	0.613*	0.301
妻子高	0.317	0.401
夫妻相对收入（相同）		
丈夫高	0.195	0.287
妻子高	0.710	0.483
夫妻年龄差（0≤丈夫减妻子年龄≤2）		
3+	-0.034	0.240
<0	-0.490+	0.301

续表

变量名称	系数	标准误
通婚圈（县内）		
本市他县	0.051	0.324
跨市	0.812*	0.390
家庭收入对数	0.190	0.179
随机效应		
截距	1.048	
卡方值	183.632***	
Log likelihood	-601.756	

注：*** $p<0.001$；** $p<0.01$；* $p<0.05$；+ $p<0.1$。
资料来源：百村个人调查数据。

（三）流动的农村家庭发生婚姻暴力的影响

表4-7报告了婚姻挤压对流动的农村家庭发生婚姻暴力概率影响的回归分析结果。结果发现其具有以下几个方面的特征。

宏观县区层面的男孩偏好文化对流动的家庭中发生婚姻暴力的概率没有显著影响，宏观县区层面的结构性婚姻挤压因素对家庭婚姻暴力的发生具有显著的影响，表现为：与来自东部的流动家庭相比，西部地区的流动家庭发生婚姻暴力的可能性更低；县区同年龄组性别比越高，夫妻间发生婚姻暴力的可能性越低。

微观层面丈夫成婚困难的经历会显著增加流动的家庭中发生婚姻暴力的可能性。"仅丈夫流动"的家庭发生婚姻暴力的可能性更高。

控制变量中，"夫大妻小"的家庭发生婚姻暴力的可能性更低。

表4-7 婚姻挤压对流动的农村家庭发生婚姻暴力概率影响的
Binary Logistic 回归分析结果

变量名称	系数	标准误
宏观层面		
县区出生性别比	-0.002	0.005

续表

变量名称	系数	标准误
县区同年龄组性别比	-0.023*	0.012
县区区域类型（东部）		
中部	0.087	0.210
西部	-0.675*	0.288
微观层面		
丈夫经历成婚困难	0.534*	0.223
流动特征		
夫妻流动模式（共同流动）		
仅妻子流动	-0.306	0.408
仅丈夫流动	0.660*	0.270
婚姻家庭特征		
婚姻持续时间	0.019	0.014
夫妻平均受教育年限	0.000	0.043
夫妻相对受教育程度（相同）		
丈夫高	-0.094	0.200
妻子高	-0.324	0.310
夫妻相对收入（相同）		
丈夫高	0.098	0.261
妻子高	-0.386	0.348
夫妻年龄差（0≤丈夫减妻子年龄≤2）		
3+	-0.306+	0.188
<0	-0.341	0.300
通婚圈（县内）		
本市他县	0.286	0.339
跨市	0.275	0.221
家庭收入对数	0.163	0.165
-2LL	772.894*	
Nagelkerke R^2	0.076	

注：*** $p<0.001$；** $p<0.01$；* $p<0.05$；+ $p<0.1$。

资料来源：X市外来农村流动人口调查数据。

四 婚姻挤压对农村家庭婚姻暴力类型的影响

(一) 所有农村家庭婚姻暴力类型的影响

表 4-8 报告了婚姻挤压对所有家庭中婚姻暴力类型影响的回归结果。

表 4-8 婚姻挤压对所有家庭婚姻暴力类型影响的 Multi-Logistic 随机截距模型分析

变量	丈夫单方施暴/无婚姻暴力 系数	标准误	夫妻相互施暴/无婚姻暴力 系数	标准误	妻子单方施暴/无婚姻暴力 系数	标准误
固定效应						
截距	1.930	4.748	-0.282	3.110	-4.684+	2.777
宏观层面						
县区出生性别比	0.012	0.023	0.003	0.016	0.012	0.016
县区同年龄组性别比	0.001	0.027	-0.016	0.016	-0.005	0.015
县区区域类型 (东部)						
中部	-0.664	0.666	-1.121*	0.435	-0.604	0.436
西部	-0.437	0.643	-0.591	0.404	-0.327	0.407
微观层面						
丈夫经历成婚困难	1.062*	0.473	0.536*	0.238	0.296	0.318
流动特征						
夫妻流动模式 (都不流动)						
共同流动	1.667**	0.593	-0.008	0.363	0.840*	0.406
仅妻子流动	-30.729***	0.497	1.015+	0.536	0.556	0.457
仅丈夫流动	-0.491	0.649	0.720*	0.291	0.669+	0.373
婚姻家庭特征						
婚姻持续时间不满 20 年	-2.237*	1.110	0.513	0.450	-0.006	0.513
丈夫受教育程度 (小学及以下)						
初中	-1.365**	0.521	-0.786*	0.323	-0.025	0.377
高中及以上	-0.553	0.559	-1.140**	0.423	0.078	0.495

续表

变量	丈夫单方施暴/无婚姻暴力		夫妻相互施暴/无婚姻暴力		妻子单方施暴/无婚姻暴力	
	系数	标准误	系数	标准误	系数	标准误
夫妻相对受教育程度（相同）						
丈夫高	1.019	0.690	0.595*	0.291	0.348	0.303
妻子高	0.962	0.708	0.276	0.314	0.116	0.360
夫妻相对收入（相同）						
丈夫高	0.428	0.748	0.432	0.300	0.261	0.363
妻子高	1.805*	0.814	0.215	0.384	1.171*	0.485
夫妻年龄差（0≤丈夫减妻子年龄≤2）						
3+	-0.320	0.533	0.037	0.235	0.212	0.305
<0	-0.120	0.555	0.091	0.230	0.149	0.302
通婚圈（县内）						
本市他县	-0.221	0.914	-0.075	0.326	-0.919*	0.467
跨市	0.353	0.617	0.035	0.362	0.200	0.431
家庭收入对数	-0.202	0.300	0.167	0.165	0.282+	0.166
随机效应						
截距	1.591		1.560		0.915	
卡方值	125.561		247.033***		148.846*	
Log likelihood			-1343.287			

注：*** $p<0.001$；** $p<0.01$；* $p<0.05$；+ $p<0.1$。
资料来源：百村个人调查数据。

宏观县区层面的男孩偏好文化和同年龄组性别比对农村家庭中发生婚姻暴力的类型没有显著影响，但宏观县区的区域对家庭中发生婚姻暴力的类型具有显著影响，表现为与东部地区家庭相比，中部地区家庭发生夫妻相互施暴的可能性更低。

微观层面丈夫成婚困难的经历会显著增加家庭中发生夫妻相互施暴和丈夫单方施暴的可能性。"夫妻共同流动"的家庭发生丈夫单方施暴和妻子单方施暴的可能性更高；"仅丈夫流动"的家庭发生夫妻相互施暴和妻子单方施暴的可能性更高；"仅妻子流动"的流动模式会增加夫妻相互施暴发生的概率，但会抑制丈夫单方施暴的可能性。

控制变量中，与县内通婚的夫妻相比，本市他县通婚的夫妻间发生妻子单方施暴的可能性更低；丈夫受教育程度越高的家庭发生夫妻相互施暴和丈夫单方施暴的可能性越低；与夫妻受教育程度相同的家庭相比，丈夫受教育程度高于妻子的家庭容易发生夫妻相互施暴；与夫妻收入水平相同的家庭相比，丈夫收入低于妻子的家庭更容易发生丈夫单方施暴或妻子单方施暴。这一作用模式在一定程度上显示了社会性别文化对家庭系统的影响，所谓"经济基础决定上层建筑"，男性在家庭中的主导地位是以其所拥有更多的经济资源为保障的，而当其缺乏家庭系统内最重要的经济资源以维护其"一家之主"的地位时，会促使男性寻求婚姻暴力这一先赋的生理优势以弥补其经济资源的不足。

（二）未流动的农村家庭婚姻暴力类型的影响

表 4-9 报告了婚姻挤压对未流动的农村家庭中发生婚姻暴力类型影响的回归结果。

表 4-9　婚姻挤压对未流动的农村家庭婚姻暴力类型影响的
Multi-Logistic 随机截距模型分析

变量	丈夫单方施暴/无婚姻暴力		夫妻相互施暴/无婚姻暴力		妻子单方施暴/无婚姻暴力	
	系数	标准误	系数	标准误	系数	标准误
固定效应						
截距	2.072	4.562	-0.649	3.592	-3.573	4.199
宏观层面						
县区出生性别比	0.028	0.026	0.016	0.016	0.009	0.019
县区同年龄组性别比	0.001	0.030	-0.032	0.021	0.010	0.026
县区区域类型（东部）						
中部	-0.229	0.715	-0.747	0.478	-0.183	0.561
西部	0.012	0.690	-0.358	0.478	-0.205	0.582

续表

变量	丈夫单方施暴/无婚姻暴力 系数	标准误	夫妻相互施暴/无婚姻暴力 系数	标准误	妻子单方施暴/无婚姻暴力 系数	标准误
微观层面						
丈夫经历成婚困难	0.352	0.661	0.667*	0.294	0.146	0.382
婚姻家庭特征						
婚姻持续时间不满20年	-3.749**	1.346	0.156	0.511	0.042	0.677
丈夫受教育程度（小学及以下）						
初中	-1.121	0.738	-0.626+	0.355	-0.402	0.513
高中及以上	0.177	0.957	-1.194*	0.484	0.024	0.615
夫妻相对受教育程度（相同）						
丈夫高	0.634	0.872	0.522+	0.321	0.709	0.467
妻子高	1.130	0.952	0.357	0.420	0.025	0.559
夫妻相对收入（相同）						
丈夫高	-0.437	0.693	0.471	0.378	-0.236	0.362
妻子高	0.936	0.909	0.452	0.602	1.119*	0.524
夫妻年龄差（0≤丈夫减妻子年龄≤2）						
3+	-0.500	0.561	-0.039	0.258	0.139	0.352
<0	-0.586	0.744	-0.438	0.339	-0.403	0.502
夫妻职业（至少有一方非农）						
夫妻均务农	-0.289	0.693	-0.153	0.387	-0.291	0.399
通婚圈（县内）						
本市他县	0.889	0.787	0.235	0.370	-1.062	0.833
跨市	1.774*	0.813	0.429	0.412	1.352*	0.540
家庭收入对数	-0.092	0.381	0.241	0.190	0.086	0.224
随机效应						
截距	0.885		1.278		1.215	
卡方值	92.139		174.209***		105.945	
Log likelihood			-950.194			

注：*** $p<0.001$；** $p<0.01$；* $p<0.05$；+ $p<0.1$。

资料来源：百村个人调查数据。

宏观县区层面的男孩偏好文化和结构性婚姻挤压因素对未流动的农村家庭中发生婚姻暴力的类型没有显著的影响作用。

微观层面丈夫成婚困难的经历会增加夫妻相互施暴的可能性。

控制变量中，通婚圈、丈夫受教育程度和夫妻相对资源因素对未流动的农村家庭中发生的婚姻暴力的类型均具有显著影响。具体表现为：与县内通婚相比，跨市通婚的夫妻间更容易发生丈夫单方施暴或妻子单方施暴；在丈夫受教育程度越高的家庭发生夫妻相互施暴的可能性越低；与夫妻受教育程度相同的家庭相比，丈夫受教育程度高于妻子的家庭容易发生夫妻相互实施婚姻暴力；与夫妻收入相同的家庭相比，妻子收入高于丈夫的家庭更容易发生妻子单方施暴。

（三）流动的农村家庭婚姻暴力类型的影响

表4-10报告了婚姻挤压对流动的农村家庭发生婚姻暴力类型影响的回归结果。宏观县区层面的男孩偏好文化对婚姻暴力的类型没有显著影响，但结构性婚姻挤压因素对婚姻暴力类型具有显著的影响作用，表现为：与东部地区的家庭相比，西部地区家庭发生夫妻相互施暴的可能性更低；县区婚配程度越高，夫妻间发生相互施暴的可能性越低。

表4-10 婚姻挤压对流动的农村家庭婚姻暴力类型影响的 Multi-Logistic 回归分析结果

变量	丈夫单方施暴/无婚姻暴力 系数	标准误	夫妻相互施暴/无婚姻暴力 系数	标准误	妻子单方施暴/无婚姻暴力 系数	标准误
宏观层面						
县区出生性别比	0.011	0.011	-0.004	0.006	-0.003	0.010
县区同年龄组性别比	-0.021	0.024	-0.022+	0.013	-0.025	0.022
县区区域类型（东部）						
中部	0.595	0.437	0.111	0.229	-0.461	0.416
西部	-0.095	0.594	-0.945**	0.337	-0.266	0.504

续表

变量	丈夫单方施暴/无婚姻暴力		夫妻相互施暴/无婚姻暴力		妻子单方施暴/无婚姻暴力	
	系数	标准误	系数	标准误	系数	标准误
微观观层面						
丈夫经历成婚困难	0.870*	0.421	0.542*	0.245	0.231	0.413
流动特征						
夫妻流动模式（共同流动）						
仅妻子流动	-20.202	0.000	-0.232	0.442	0.174	0.703
仅丈夫流动	0.550	0.514	0.336	0.292	0.911*	0.426
婚姻家庭特征						
婚姻持续时间	0.030	0.028	0.017	0.015	0.015	0.025
夫妻平均受教育年限	-0.025	0.090	0.040	0.048	-0.140+	0.078
夫妻相对受教育程度（相同）						
丈夫高	-0.387	0.422	-0.023	0.222	-0.156	0.371
妻子高	-0.709	0.677	-0.222	0.340	-0.495	0.666
夫妻相对收入（相同）						
丈夫高	0.334	0.579	0.201	0.293	-0.446	0.441
妻子高	-1.116	0.922	-0.213	0.387	-0.625	0.617
夫妻年龄差（0≤丈夫减妻子年龄≤2）						
3+	0.120	0.385	-0.369+	0.349	-0.426	0.365
<0	-0.236	0.678	-0.569+	0.349	0.197	0.476
通婚圈（县内）						
本市他县	0.701	0.580	0.285	0.374	-0.298	0.786
跨市	-0.408	0.516	0.280	0.245	0.775*	0.381
家庭收入对数	0.070	0.346	0.196	0.180	0.055	0.31
-2LL	1188.000+					
Nagelkerke R^2	0.139					

注：*** $p<0.001$；** $p<0.01$；* $p<0.05$；+ $p<0.1$。

资料来源：X市外来农村流动人口调查数据。

微观层面丈夫成婚困难的经历会显著增加流动的家庭中发生夫妻相互施暴和丈夫单方施暴的可能性。与"夫妻共同流动"的家庭相比,"仅丈夫流动"的家庭发生妻子单方施暴的可能性更高

控制变量中,与县内通婚的夫妻相比,跨市通婚的夫妻间发生妻子单方施暴的可能性更高;夫妻平均受教育年限越高的家庭中发生妻子单方施暴的可能性越低;"夫大妻小""妻大夫小"的家庭中发生夫妻相互施暴的可能性更低。

五 小结

在第三章分析框架的指导下,本章主要探索了城乡流动背景下婚姻挤压对中国农村家庭婚姻暴力的影响。首先分析了中国农村家庭中发生婚姻暴力的总体特征和结构性差异;其次比较分析了不同的夫妻流动模式对农村家庭中发生婚姻暴力可能性的影响以及婚姻挤压对未流动的农村家庭和流动的农村家庭中发生婚姻暴力可能性的影响;最后比较分析了不同的夫妻流动模式对农村家庭中发生婚姻暴力类型的影响以及婚姻挤压对未流动的农村家庭和流动的农村家庭中发生婚姻暴力类型的影响,结果发现其具有以下几个方面的特征。

第一,宏观层面的社会文化规范和制度对农村家庭婚姻暴力没有显著影响。结构性婚姻挤压因素对目前生活在乡土社会的农村夫妻间的婚姻暴力行为没有显著影响;但对流动的农村家庭中夫妻间的婚姻暴力行为具有显著影响,其中同年龄组性别比对流动的农村家庭中发生夫妻相互施暴具有显著的抑制作用;西部地区的农村家庭中发生夫妻相互施暴的可能性较小。由此可见,宏观层面的婚姻挤压对农村家庭中的婚姻暴力具有明显的抑制作用,流动进一步强化了宏观层面婚姻挤压的抑制作用。这一结论在一定程度上表明,流动使得农村家庭夫妻离开了传统父权文化盛行的乡土文化场域,为其提供了接触现代城市文明的机会;通过在倡导"男女两性平等"以及"夫妻和谐相处"的城市场域的社会化学习,传统"男高女低"的社会性别意识开始弱化,会更加认同男女平等的两性关系,也可以更加理性和平地解决夫妻冲突。

第二,丈夫成婚困难的经历对农村家庭中夫妻间婚姻暴力行为具有显

著影响。在未流动的农村家庭中,丈夫成婚困难的经历仅会显著增加夫妻相互施暴的可能性;而在流动的农村家庭中,丈夫成婚困难的经历还会显著增加丈夫单方施暴的可能性。受中国传统"男高女低"婚配模式的影响,经历成婚困难的弱势男性构建的家庭也是中国人口社会转型期的弱势家庭,调查发现丈夫经历成婚困难的家庭的社会经济地位明显低于其他家庭。正如社会结构理论观点所指出的,婚姻暴力在社会中的分布并不是均匀的,其更多地发生在社会经济地位较低的群体中,表现为受教育程度低的、收入低的家庭更容易发生婚姻暴力[115]。夫妻相互施暴可能性的增加可能是由于经历成婚困难的农村男性多具有经济条件差和受教育程度低的特征,受自身资源匮乏的限制,即使他们最终成婚构建家庭也很难获得高质量的婚姻关系,低质量的婚姻关系带来的压力容易增加男性和女性实施婚姻暴力的可能性,从而造成夫妻相互施暴可能性的上升。丈夫成婚困难的经历会导致流动的农村家庭中发生丈夫单方施暴可能性的增加,可能是城乡流动使得这一社会和经济资源较为匮乏的家庭在迁移后的城市适应阶段容易面临和遭受更多和更严重的压力挑战,当家庭中应对这些压力的资源较匮乏时,处于高压环境中的家庭极容易发生更多的婚姻冲突和婚姻暴力[114]。已有研究表明,受教育程度越低、职业地位越低、收入越低的男性越拥护传统的父权文化体制,对妻子实施婚姻暴力的可能性越高[168]。

第三,夫妻流动模式对农村家庭婚姻暴力具有显著影响,但实际的影响模式有些复杂。"夫妻中仅有一方外出务工"的流动模式会显著增加家庭中发生夫妻相互施暴的概率;相比之下,"夫妻双双外出务工"的流动模式则会显著增加家庭中发生丈夫单方施暴和妻子单方施暴的概率,对发生夫妻相互施暴的概率没有显著影响;"仅妻子外出务工"的流动模式会显著降低丈夫单方施暴的可能性,"仅丈夫外出务工"的流动模式会增加妻子单方施暴的可能性。

第四,夫妻间资源的差异仅对夫妻双双生活在乡土社会的农村家庭的婚姻暴力具有显著的刺激作用,而对流动的农村家庭中夫妻间的婚姻暴力则没有显著影响。这一发现在一定程度上再次表明,流动使得农村人口离开父权文化氛围浓郁的文化场域,经过城市生活的熏陶,他们的社会性别文化和规范意识也会受现代工业文化倡导的性别平等的影响,传统"男高女低"的社会性别意识开始弱化,会更加认同男女平等的两性关系[204],也可以更加文明和理性地处理两性关系的冲突。

第五,通婚圈的扩大会刺激农村家庭中发生婚姻暴力的可能性。主要表现为跨市通婚均会刺激农村家庭中发生"妻子单方施暴"的可能性;对目前依然生活在乡土社会的农村家庭而言,跨市通婚还会显著增加丈夫单方施暴的可能性。已有研究发现中国当前城乡流动规模日益扩大和婚姻挤压程度日益严重的情境均会引发农村人口通婚圈扩大的趋势[198]。已有对中国农村地区的研究表明,扩大通婚圈是位于社会底层的农村男性应对婚姻挤压和巨额婚姻花费的婚姻替代策略,由于跨市/跨省的婚姻往往建立在经济交换而非感情基础上,夫妻双方在婚前缺乏了解和交流,这种婚姻往往面临着较高的不稳定风险,扩大通婚圈的主要动机是男性通过提供较好的物质生活和直接的经济支付,换取稀缺的女性婚姻资源。一方面这种以经济交换而非感情为前提的婚姻,往往十分脆弱,婚姻的稳定性也面临极大的挑战[221]。另一方面,当这些男性倾尽极为有限的资源、穷尽所有可能运用的手段摆脱单身后,高昂的配偶替代成本会使他们极度恐慌失去现在的妻子,进而可能产生强烈的不安全感和控制欲,尤其是在"男多女少"的环境下,周围大量被迫游离于婚姻关系之外单身男性的增加给其婚姻稳定性带来的威胁无疑会使其心理健康状况更为脆弱,从而出现家庭中发生丈夫单方施暴可能性增加的情况。

总的来说,本章研究发现宏观层面和微观层面的婚姻挤压对中国农村家庭中婚姻暴力的发生具有差异性的影响,流动会扩大婚姻挤压对农村家庭中婚姻暴力的影响作用。具体地说,宏观层面的婚姻挤压因素对农村家庭中的婚姻暴力具有显著的抑制作用,流动进一步扩大了宏观层面婚姻挤压因素的抑制作用;微观层面的婚姻挤压因素对农村家庭中的婚姻暴力具有显著的刺激作用,流动进一步扩大了微观层面婚姻挤压因素的刺激作用。

第五章
婚姻挤压对农村男性实施婚姻暴力的影响

以第三章城乡流动背景下婚姻挤压对农村人口婚姻暴力影响的分析框架为理论分析基础，本章主要以男性个体作为分析单位，探寻婚姻挤压对未流动的农村男性和流动的农村男性实施婚姻暴力可能性和类型的影响。

一 研究设计

（一）研究内容

男性实施婚姻暴力的原因一直是婚姻暴力研究领域的热点关注问题。但已有的定量研究多是集中关注微观层面个体和家庭特征对男性实施婚姻暴力的影响，缺乏将宏观层面社会文化结构因素和微观层面的个体因素与家庭因素相结合，立体分析男性实施婚姻暴力的行为。

在第三章提出的城乡流动背景下婚姻挤压对农村婚姻暴力影响的分析框架的指导下，本章的研究内容主要包括以下三个方面。第一，了解城乡流动和婚姻挤压情境下农村男性实施婚姻暴力的总体状况及内部差异。第二，比较分析宏观县区层面男孩偏好文化和结构性婚姻挤压因素以及微观个体层面的成婚困难经历和生育性别偏好因素对未流动的农村男性和流动的农村男性实施婚姻暴力可能性的影响。第三，比较宏观县区层面男孩偏好文化和结构性婚姻挤压因素以及微观个体层面的成婚困难经历和生育性别偏好因素对未流动的农村男性和流动的农村男性实施婚姻暴力类型的影响。

（二）变量设置

1. 因变量

是否实施婚姻暴力的测度。本研究借鉴目前国际上流行的"冲突策略量表"[29]，并进行了简化修改。询问被访者"近一年来，当您与配偶发生争吵或产生矛盾后，您有没有采用过下列行为"。采用过"长时间不和对方说话、推搡、打耳光、拳打脚踢"中任何一种暴力形式即视为实施过婚姻暴力；将只采用"讲道理"的行为划分为不实施暴力。

实施婚姻暴力类型的划分。本研究将只采用"讲道理"的行为划分为不实施暴力；将采用过"推搡、打耳光、拳打脚踢"中任何一种暴力形式的行为划分为实施肢体暴力；将没有采用过肢体暴力而只采用"长时间不和对方说话"方式的行为划分为不实施肢体暴力、只实施冷暴力。

2. 自变量

自变量包括宏观层面的县区出生性别比、县区同年龄组性别比和县区区域类型，以及微观个体层面的成婚困难、生育性别偏好和流动因素。本章对县区出生性别比、县区同年龄组性别比和县区区域类型的操作与上一章中的操作相同，在此不再赘述。本部分主要对丈夫成婚困难和个体生育性别偏好的操作进行介绍。

（1）丈夫成婚困难

有无成婚困难经历。为了测量农村男性在婚姻缔结过程中有无成婚困难经历，本研究在问卷中询问了被访者"您是否觉得自己曾经遭受过成婚困难"，将回答"是"的被访者划分为有成婚困难经历。在这里需要说明的是，在百村个人调查和X市外来农村流动人口调查中，如果男性被访者回答"曾经遭受过成婚困难"，我们均会继续询问其成婚困难的原因，结果发现，无论是目前生活在乡村还是在城市的农村男性，家庭经济贫困均是其婚配困难的首要原因，所占比例分别高达79.7%和62.8%。对目前生活在乡村的男性而言，"家乡经济落后""家里兄弟数量太多"分别是遭受成婚困难的第二大原因和第三大原因；对目前生活在城市的农村男性而言，"没有时间认识或交往异性"则是遭受成婚困难的第二大原因，"家乡经济落后"是遭受成婚困难的第三大原因。

成婚困难的程度。使用"是否遭受成婚困难"和"初婚年龄"两个变量来测量。在中国男性"婚姻挤压"背景下，自身拥有资源越匮乏、竞争力越差的社会底层男性将面临越严重的婚配困难，这部分男性要么被迫永久不婚，要么被迫推迟结婚年龄[6,196]。在崇尚"普婚"文化的中国，人们将结婚视为个人和家庭的头等大事，并且农村地区的初婚年龄普遍较早，到了一定年龄还未结婚的人基本上都是非自愿的[208]。已有对全国农村人口初婚年龄的统计发现，尽管随着社会经济发展，人们的初婚年龄有所提高，但绝大多数农村男性会在 26 岁前完婚，其 26 岁以后结婚的可能性较低[215]。由此可见，初婚年龄也可以部分反映婚配困难的程度，已有对中国农村人口婚姻策略的研究也发现，有成婚困难经历的农村男性表现出初婚年龄较晚的特征[198]。因此，本研究同时考虑个体的主观感知以及初婚年龄这一客观事实对个人遭受成婚困难的程度进行较为全面的测量，同时考虑到流动对初婚年龄的影响，将未流动的农村男性和流动的农村男性婚配困难的程度分为以下四种组合：(1) 经历成婚困难，且 26 岁（或 28 岁）及以后成婚；(2) 经历成婚困难，但 26 岁（或 28 岁）以前成婚；(3) 未经历成婚困难，但 26 岁（或 28 岁）及以后成婚；(4) 未经历成婚困难，且 26 岁（或 28 岁）以前成婚。我们推断当个体处于组合 (1) 的情况下，其遭受成婚困难的程度最严重。

(2) 生育性别偏好

生育性别偏好由问题"如果政策允许，假如您第一个孩子是女孩，您想怎么做？"来测量，答案分为"无男孩偏好"（停止生育）、"弱男孩偏好"（再要一个，不管男女）、"强男孩偏好"（不管怎样，直到有一个儿子为止）三种情况，以无男孩偏好为参考项，建立两个虚拟变量。

(3) 流动因素

对所有农村男性的分析中，流动因素仅包括夫妻流动模式，分为夫妻都不流动、夫妻共同流动、仅妻子流动和仅丈夫流动四类。

对流动的农村男性分析中，流动因素包括在 X 市生活的时间、有无流动经历和夫妻居住模式。在 X 市生活时间指被访者第一次到 X 市务工至被调查时的年数，为连续变量。有无流动经历的测量采用问题"在来 X 市之前，您是否到过其他县城或城市打工？"，将回答"是"的被访者划分为有流动经历。夫妻流动模式分为"共同流动"和"仅丈夫流动"两类。

3. 控制变量

(1) 个人因素

对所有农村男性和未流动的农村男性分析中，个人因素包括受教育程度、出生队列、收入对数和生育性别偏好；对流动的农村男性，个人因素增加了"职业阶层"、"经济压力"和"是否担忧失业"三个变量。

受教育程度分为小学及以下、初中和高中及以上三类，以小学及以下为基准变量，建立两个虚拟变量表示。出生队列以一个虚拟变量表示（0 = 1980 年以前出生，1 = 1980 年及以后出生）。个人收入以实际值取对数的形式进入模型，为连续变量。

职业阶层。借鉴陆学艺十大社会阶层的分类标准将农村流动人口的职业阶层划分为产业工人和商业服务员人员阶层、个体工商户及以上阶层（含国家与社会管理者阶层、经理人员阶层、私营企业主阶层、专业技术人员和办事人员阶层）两类。

为了测量经济压力，我们询问了被访者"您每月最少需要多少钱才能维持您在 X 市的基本生活"，如果被访者的个人月均收入不足支付基本生活费用，划分为"经济压力大"，如果能维持，划分为"经济压力小"。

"是否担忧失业"以问题"您担忧工作难找或失业的程度"来测量，将回答"非常担心"或"比较担心"或"一般"的划分为"担忧失业"，将回答"不太担心"或"完全不担心"的划分为不担忧失业。

(2) 婚姻家庭因素

在对所有农村男性、未流动的农村男性和流动的农村男性分析中，婚姻家庭因素均包括夫妻相对教育程度、夫妻相对收入、夫妻年龄差、通婚圈、婚姻满意度和家庭收入对数。

夫妻相对受教育程度，通过夫妻的受教育程度对比来衡量，分为丈夫受教育程度高、夫妻受教育程度相同和妻子受教育程度高三类。

夫妻相对收入，通过丈夫占夫妻总收入的比例衡量，分为丈夫比妻子收入高、夫妻相同和妻子收入高三类。

夫妻年龄差分为三类：夫妻年龄相同或丈夫比妻子大 2 岁及以内、丈夫比妻子大 3 岁及以上、妻子年龄大。

通婚圈可以区分为地理意义和社会意义两种范畴，本研究的通婚圈主要指地理通婚圈，询问被访者"您的配偶是什么地方的人？"，划分为"县内（包括本村、本乡他村和本县他乡）"、"本市他县"和"跨市（包括本省他市和外省）"三类。

婚姻满意度的测量采用的是 Kansas 婚姻满意感量表[222]，本量表包括三个题目，询问受访者"您对您婚姻的满意程度有多少？"、"您的丈夫/妻子作为一个配偶，您对他/她的满意程度有多少？"、"您对你们夫妻之间关系的满意程度有多少？"，其答案类别从 1（很不满意）到 5（很满意），分数越高，表示其婚姻满意度越高。量表的 Alpha 值在 2009 年 X 市外来农村流动人口调查和 2010 年百村调查中分别为 0.93 和 0.91。

家庭收入对数以实际值取对数的形式进入模型，为连续变量。

表 5-1 给出了自变量和控制变量的描述性信息。

表 5-1 自变量和控制变量的描述性信息

变量	所有农村男性 均值	所有农村男性 标准差	未流动的农村男性 均值	未流动的农村男性 标准差	流动的农村男性 均值	流动的农村男性 标准差
宏观层面	N=118		N=110		N=310	
县区出生性别比	117.90	9.66	117.66	9.82	121.96	12.03
县区同年龄组性别比	102.41	11.39	104.15	10.56	98.59	8.91
县区区域类型（东部）						
中部	0.38	0.49	0.39	0.49	0.28	0.49
西部	0.43	0.50	0.41	0.49	0.23	0.42
微观层面	N=523		N=342		N=310	
成婚困难经历						
有	0.27	0.44	0.30	0.46	0.21	0.41
成婚困难程度（程度四）						
程度三	0.11	0.31	0.13	0.33	0.26	0.44
程度二	0.20	0.40	0.21	0.41	0.13	0.33
程度一	0.08	0.28	0.10	0.30	0.08	0.28

续表

变量	所有农村男性 均值	所有农村男性 标准差	未流动的农村男性 均值	未流动的农村男性 标准差	流动的农村男性 均值	流动的农村男性 标准差
流动特征	—	—	—	—		
在X市生活时间	—	—	—	—	9.32	5.70
有流动经历	—	—	—	—	0.58	0.49
夫妻流动模式（都不流动）						
共同流动	0.14	0.35	—	—	—	—
仅妻子流动	0.04	0.19	—	—	0.0	0.0
仅丈夫流动	0.18	0.38	—	—	0.24	0.43
生育性别偏好（无男孩偏好）						
弱男孩偏好	0.73	0.45	0.72	0.45	0.70	0.46
强男孩偏好	0.11	0.32	0.13	0.34	0.05	0.21
个人特征						
受教育程度（小学及以下）						
初中	0.52	0.50	0.49	0.50	0.48	0.50
高中及以上	0.24	0.42	0.25	0.43	0.36	0.48
1980年及以后出生	0.30	0.46	0.23		0.25	0.43
个体工商户及以上	—	—	—	—	0.31	0.46
经济压力大					0.32	0.47
担忧失业	—	—	—	—	0.62	0.49
个人收入对数	9.11	1.16	9.03	1.12	—	—
婚姻家庭特征						
夫妻相对受教育程度（相同）						
丈夫高	0.33	0.47	0.34	0.48	0.39	0.49
妻子高	0.11	0.31	0.09	0.29	0.10	0.30
夫妻相对收入（相同）						
丈夫高	0.32	0.47	0.74	0.44	0.69	0.46
妻子高	0.10	0.30	0.11	0.31	0.19	0.39

续表

变量	所有农村男性		未流动的农村男性		流动的农村男性	
	均值	标准差	均值	标准差	均值	标准差
夫妻年龄差（0≤丈夫减妻子年龄≤2）						
3+	0.32	0.47	0.36	0.48	0.36	0.48
<0	0.16	0.37	0.17	0.38	0.12	0.33
通婚圈（县内）						
本市他县	0.11	0.31	0.12	0.32	0.06	0.24
跨市	0.10	0.30	0.09	0.29	0.20	0.40
婚姻满意度	12.36	2.25	12.50	2.25	12.18	2.57
家庭收入对数	9.77	0.86	9.69	0.92	8.22	0.51

注：表中成婚困难程度中"程度一"指经历成婚困难，且26岁（或28岁）及以后结婚；"程度二"指经历成婚困难，但26岁（或28岁）以前结婚；"程度三"指未经历成婚困难，但26岁（或28岁）及以后结婚；"程度四"指未经历成婚困难，且26岁（或28岁）以前结婚。

资料来源：X市外来农村流动人口调查和百村个人调查数据。

（三）研究方法与分析策略

本章首先分别对未流动的农村男性和流动的农村男性中实施婚姻暴力的状况进行描述性分析；其次，分别对未流动的农村男性和流动的农村男性实施婚姻暴力可能性的影响因素进行回归分析，并对回归结果进行对比分析；最后，分别对未流动的农村男性和流动的农村男性实施婚姻暴力类型的影响因素进行回归分析，并对回归结果进行对比分析。

由于因变量"是否实施婚姻暴力"是二分类变量，因此对所有农村男性和未流动的农村男性是否实施婚姻暴力的分析分别采用分层Binary Logistic随机截距模型进行分析；对流动的农村男性是否实施婚姻暴力的分析则采用一般Binary Logistic回归模型进行分析。

由于因变量"实施婚姻暴力类型"是三分类变量，因此对所有农村男性和未流动的农村男性实施婚姻暴力类型的分析分别采用分层Multi-Logistic随机截距模型进行分析；对流动的农村男性实施婚姻暴力类型的分析则采用一般Multi-Logistic回归模型进行分析。

二 农村男性实施婚姻暴力状况

(一) 总体水平

调查发现,大多数的农村男性是通过讲道理来和平解决婚姻冲突的,无论未流动的农村男性还是目前正在流动的农村男性实施暴力的类型均以冷暴力为主(见图5-1)。通过对不同流动经历的农村男性实施婚姻暴力的分析可知,流动降低了农村男性采用婚姻暴力解决婚姻冲突的比例,并且流动的农村男性采用肢体暴力的比例低于未流动的农村男性7个百分点。这可能是由于流动使得农村男性远离了父权文化占主导的乡土文化场域,其行为方式会更多受到城市场域中文化规范的影响。一方面,流动到城市的农村男性经过城市生活的熏陶,他们的社会性别文化和规范意识也会受现代工业文化倡导的性别平等的影响,传统"男高女低"的父权意识开始弱化[204]。已有研究发现传统父权意识越强烈的男性对妻子实施婚姻暴力的可能性越高[168],那么流动可能会通过为农村男性提供接触现代城市文明的机会来弱化他们的父权意识,从而促使农村男性主动降低使用暴力方式解决夫妻冲突。另一方面,流动到城市的农村男性通过观察学习城市场域中城市夫妻间处理婚姻冲突的方式,他们会降低使用肢体暴力这一激烈且容易让夫妻矛盾升级的方式处理婚姻冲突,而更可能采用冷暴力进行冷处理以缓解夫妻间冲突。

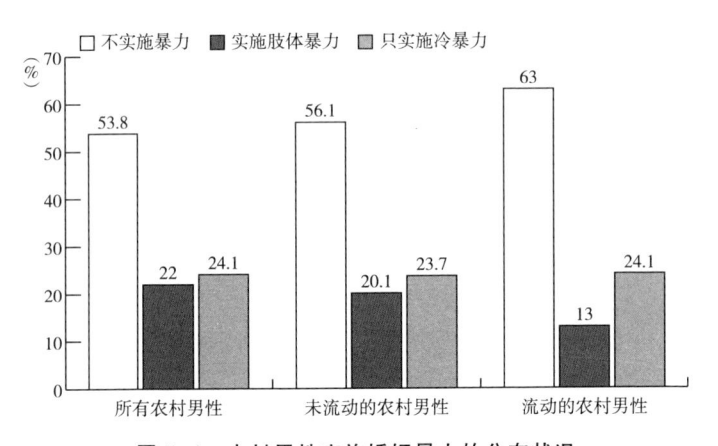

图5-1 农村男性实施婚姻暴力的分布状况

（二）结构差异

1. 夫妻流动模式与农村男性实施婚姻暴力的分布

研究结果显示（见表5-2），夫妻共同流动有利于降低农村男性实施婚姻暴力的比例。夫妻流动模式为"仅丈夫单独流动或仅妻子单独流动"的家庭中，丈夫均容易实施婚姻暴力解决夫妻冲突；尤其在"丈夫外出，妻子留守"的家庭中，超过一半（59.8%）的农村男性会实施婚姻暴力来解决夫妻冲突，且以实施肢体暴力为主，所占比例高达30.5%。从LR检验的结果来看，夫妻流动模式对农村男性实施婚姻暴力的分布具有显著影响。

表5-2 夫妻流动模式与农村男性实施婚姻暴力类型的分布

单位：%

		夫妻流动模式				
		都不流动	共同流动	仅丈夫流动	仅妻子流动	LR检验
所有农村男性	不实施暴力	56.8	57.9	40.2	55.4	**
	实施肢体暴力	20.0	20.0	30.5	20.0	
	只实施冷暴力	23.2	21.9	29.3	24.6	
流动的农村男性	不实施暴力	—	64.8	57.5	—	ns
	实施肢体暴力	—	11.9	16.2	—	
	只实施冷暴力	—	23.3	26.2	—	

注：*** p<0.001；** p<0.01；* p<0.05；+p<0.1。
资料来源：X市外来农村流动人口调查和百村个人调查数据。

2. 丈夫成婚困难与农村男性实施婚姻暴力的分布

结果显示，无论是未流动的农村男性还是正在流动的农村男性，暴力均是经历过成婚困难男性解决婚姻冲突的主要方式（见表5-3）。其中经历过成婚困难的未流动的农村男性实施婚姻暴力的比例高达55.7%，明显高于没经历过成婚困难的未流动的农村男性16.8个百分点；相比之下，正在流动的农村男性群体内部间的施暴差异更大，经历过成婚困难的流动农村男性实施婚姻暴力的比例明显高于没有经历过成婚困难的流动农村男性20个百分点，且其采用肢体暴力的比例几乎是没有经历成婚困难的流动农村男性的2倍。

通过对不同成婚困难程度的农村男性实施婚姻暴力类型的进一步分析可知（见表5-3）：在未流动的农村男性群体内部，经历过成婚困难且26

岁及以后成婚的男性实施肢体暴力的比例最高,其次是经历过成婚困难但26岁以前成婚的男性;相比之下,在目前正在流动的农村男性群体内部,实施肢体暴力最高的是经历过成婚困难但26岁以前成婚的男性,其次是经历过成婚困难且26岁及以后成婚的男性。另外,无论是未流动的农村男性还是目前正在流动的农村男性,晚婚但没经历过成婚困难的男性均更倾向于采用"讲道理"的方式和平解决婚姻冲突,且其实施肢体暴力的比例最低。这可能是由于该部分主动选择晚婚的男性多为自身素质和经济条件较好的青年,尽管他们因执着于寻觅理想配偶或其他原因而花费较长时间完成婚姻缔结,但其心理健康状况在婚姻缔结过程中不会受到较大影响;另外,调查发现该部分男性对婚姻满意度的评价最高。

表 5-3 丈夫成婚困难与农村男性实施婚姻暴力类型的分布

单位:%

		有无经历成婚困难			成婚困难程度				
		有	无	LR 检验	程度一	程度二	程度三	程度四	LR 检验
所有农村男性	不实施暴力	41.8	58.3	**	38.6	43.3	63.8	57.6	**
	实施肢体暴力	25.5	20.7		34.1	23.1	12.1	21.8	
	只实施冷暴力	32.6	21.0		27.3	33.7	24.1	20.6	
未流动的农村男性	不实施暴力	44.3	61.1	**	40.4	46.9	64.4	60.6	*
	实施肢体暴力	23.6	18.7		31.9	18.8	11.9	20.2	
	只实施冷暴力	32.1	20.2		27.7	34.4	23.7	19.1	
流动的农村男性	不实施暴力	46.9	67.1	*	0.33	0.54	0.71	0.66	**
	实施肢体暴力	20.3	11.1		0.17	0.23	0.07	0.13	
	只实施冷暴力	32.8	21.8		0.50	0.23	0.22	0.21	

注:(1) *** p<0.001;** p<0.01;* p<0.05;+ p<0.1。(2) 表中成婚困难程度中"程度一"指经历成婚困难,且26岁及以后结婚;"程度二"指经历成婚困难,但26岁(或28岁)以前结婚;"程度三"指未经历成婚困难,但26岁(或28岁)及以后结婚;"程度四"指未经历成婚困难,且26岁(或28岁)以前结婚。

资料来源:X市外来农村流动人口调查和百村个人调查数据。

3. 宏观层面男孩偏好文化、结构性婚姻挤压与农村男性实施婚姻暴力的分布

对目前生活在传统乡土社会的农村男性而言(见表5-4):在传统父权文化体制衍生出的男孩偏好文化氛围越严重的地区,男性实施婚姻暴力的比例越高,且更倾向实施肢体暴力;在同年龄组性别比越严重地区的农村男性实施婚姻暴力的比例越低,且其更倾向于只实施冷暴力。从单因素方差分析的检验结果来看,宏观县区层面的男孩偏好文化和同年龄组性别比对未流动的农村男性实施婚姻暴力的分布有显著影响。通过对不同地区间未流动农村男性施暴的分布分析可以发现,生活在西部的未流动农村男性实施婚姻暴力和肢体暴力的比例均最低,生活在东部的未流动农村男性实施婚姻暴力的比例最高,但 LR 检验结果显示目前生活在不同地区农村的男性实施婚姻暴力的分布未呈现出显著差异。

相比之下,对目前业已离开传统乡土社会而生活在城市的流动农村男性而言(见表 5-4):尽管来自男孩偏好文化氛围越严重地区的男性也表现出实施婚姻暴力的比例越高,且更倾向实施肢体暴力的趋势,来自同年龄组性别比越严重地区的男性也显示出实施婚姻暴力的比例越低,且更倾向于只实施冷暴力的特征;但从单因素方差分析的检验结果来看,家乡所在地的男孩偏好文化和同年龄组性别比对流动的农村男性实施婚姻暴力的分布的影响不再显著。这可能是由于因外出务工发生的流动使得农村男性远离了相对较为封闭的乡土社会,并为其提供了接触现代城市文明的机会,空间距离的增加和现代城市文明的冲击削弱了家乡所在地文化环境和结构性婚姻挤压对其婚姻暴力行为的影响。另外来自不同地区的流动农村男性实施婚姻暴力的行为存在显著差异,表现为来自西部的男性实施婚姻暴力的比例最低,但采用肢体暴力的比例高于只采用冷暴力的比例;来自中部的男性实施婚姻暴力的比例最高,且以只采用冷暴力的比例为主。

表 5-4 男孩偏好文化、结构性婚姻挤压与农村男性实施婚姻暴力类型的分布

单位:%

		县区区域类型				县区出生性别比		县区同年龄组性别比	
		东部	中部	西部	LR检验	均值	AVON分析	均值	AVON分析
所有农村男性	不实施暴力	43.0	57.7	53.9	ns	116.73	ns	103.80	ns
	实施肢体暴力	25.3	22.8	20.2		116.94		101.78	
	只实施冷暴力	31.6	19.5	25.9		115.88		104.00	

续表

		县区区域类型			LR检验	县区出生性别比		县区同年龄组性别比	
		东部	中部	西部		均值	AVON分析	均值	AVON分析
未流动的农村男性	不实施暴力	45.2	58.6	58.3	ns	116.06	+	104.73	+
	实施肢体暴力	21.0	21.1	18.8		118.79		101.47	
	只实施冷暴力	33.9	20.4	22.9		116.26		104.20	
流动的农村男性	不实施暴力	65.2	46.7	79.4	***	125.68	ns	100.15	ns
	实施肢体暴力	12.0	18.9	13.2		129.41		99.41	
	只实施冷暴力	22.8	34.4	7.4		125.36		99.27	

注：*** p<0.001；** p<0.01；* p<0.05；+p<0.1。
资料来源：X市外来农村流动人口调查和百村个人调查数据。

三 婚姻挤压对农村男性实施婚姻暴力可能性的影响

（一）所有农村男性实施婚姻暴力可能性的影响

表5-5报告了婚姻挤压对所有农村男性实施婚姻暴力可能性影响的回归结果。结果发现其具有以下几个方面的特征。

宏观县区层面的男孩偏好文化和同年龄组性别比对增加或降低农村男性实施婚姻暴力的可能性没有显著影响；但宏观县区层面的区域类型对其实施婚姻暴力的可能性具有显著影响，表现为与东部地区男性相比，中部地区男性在解决婚姻冲突时实施婚姻暴力的可能性更低。

微观个体层面的成婚困难经历和生育性别偏好对其实施婚姻暴力的可能性均具有显著影响，表现为成婚困难的经历会显著增加农村男性实施婚姻暴力的可能性；男孩生育偏好越强的农村男性实施暴力的可能性越高。已有关于女性的遭受婚姻暴力的经验研究发现，传统父权意识越强烈的男性对妻子实施婚姻暴力的可能性越高，并且受教育程度越低、职业地位越低、收入越低的男性越拥护传统的父权文化体制[168]。成婚困难经历和生育性别偏好对农村男性实施婚姻暴力可能性的刺激作用在一定程度上也再次支持这一观点。夫妻流动模式为"丈夫外出，妻子留守"时，农村男性更容易实施暴力。

控制变量中,个人因素中的受教育程度和出生队列对农村男性施暴具有显著影响,表现为受教育程度越低的男性实施暴力的可能性越高,1980年及以后出生的男性实施婚姻暴力的可能性较高;家庭因素中,婚姻满意度对男性施暴具有显著影响,婚姻满意度越高,实施婚姻暴力的可能性越低。

表 5-5 婚姻挤压对所有农村男性实施婚姻暴力可能性影响的 Binary Logistic 随机截距模型分析

变量名称	系数	标准误
固定效应		
截距	-0.245	2.732
宏观层面		
县区出生性别比	0.023	0.016
县区同年龄组性别比	-0.004	0.013
县区区域类型(东部)		
中部	-0.921*	0.442
西部	-0.565	0.415
微观层面观层面		
成婚困难经历(无)		
有	0.510*	0.252
流动特征		
夫妻流动模式(都不流动)		
共同流动	0.120	0.339
仅妻子流动	0.643	0.526
仅丈夫流动	0.704*	0.308
生育性别偏好(无男孩偏好)		
弱男孩偏好	0.746**	0.252
强男孩偏好	1.440***	0.416

续表

变量名称	系数	标准误
个人特征		
受教育程度（小学及以下）		
初中	-0.987***	0.287
高中及以上	-1.299***	0.376
1980年及以后出生	0.824***	0.240
个人收入对数	-0.151	0.151
婚姻家庭特征		
夫妻相对受教育程度（相同）		
丈夫高	0.382	0.276
妻子高	-0.454	0.389
夫妻相对收入（相同）		
丈夫高	0.323	0.303
妻子高	0.218	0.489
夫妻年龄差（0≤丈夫减妻子年龄≤2）		
3+	-0.094	0.227
<0	-0.114	0.299
通婚圈（县内）		
本市他县	0.243	0.333
跨市	-0.074	0.441
婚姻满意度	-0.206***	0.055
家庭收入对数	0.104	0.211
随机效应		
截距	1.422	
卡方值	238.333***	
Log likelihood	-389.040	

注：*** p<0.001；** p<0.01；* p<0.05；+p<0.1。
资料来源：百村个人调查数据。

(二) 未流动的农村男性实施婚姻暴力可能性的影响

表5-6报告了婚姻挤压对未流动的农村男性实施婚姻暴力可能性影响的回归结果。宏观县区层面的男孩偏好文化对增加或降低其实施婚姻暴力的可能性没有显著影响;但宏观县区层面的同年龄组性别比对其实施婚姻暴力的可能性具有显著的抑制作用,表现为生活在同年龄组性别比越高地区的男性实施婚姻暴力的可能性越低。

微观个体层面的成婚困难经历和生育性别偏好对其实施婚姻暴力的可能性均具有显著影响,表现为成婚困难的经历会显著增加未流动的农村男性实施婚姻暴力的可能性,男孩生育偏好越强的男性实施暴力的可能性越高。

控制变量中,个人因素中的受教育程度对其实施婚姻暴力具有显著影响,表现为受教育程度越低的未流动的农村男性实施暴力的可能性越高;家庭因素中,婚姻满意度对未流动的农村男性施暴具有显著影响,婚姻满意度越高,实施婚姻暴力的可能性越低。

表5-6 婚姻挤压对未流动农村男性实施婚姻暴力可能性影响的 Binary Logistic 随机截距模型分析

变量名称	系数	标准误
固定效应		
截距	-1.207	3.102
宏观层面		
县区出生性别比	0.020	0.016
县区同年龄组性别比	-0.034*	0.017
县区区域类型(东部)		
中部	-0.767	0.483
西部	-0.257	0.488
微观层面		
经历成婚困难	0.506+	0.313
生育性别偏好(无男孩偏好)		
弱男孩偏好	0.962**	0.341
强男孩偏好	1.331*	0.536

续表

变量名称	系数	标准误
个人特征		
受教育程度（小学及以下）		
初中	-0.636*	0.327
高中及以上	-1.230**	0.450
1980年及以后出生	0.461	0.330
个人收入对数	-0.086	0.187
婚姻家庭特征		
夫妻相对受教育程度（相同）		
丈夫高	-0.006	0.324
妻子高	-0.141	0.431
夫妻相对收入（相同）		
丈夫高	-0.165	0.324
妻子高	-0.092	0.586
夫妻年龄差（0≤丈夫减妻子年龄≤2）		
3+	-0.042	0.259
<0	-0.103	0.343
通婚圈（县内）		
本市他县	0.174	0.425
跨市	-0.049	0.385
婚姻满意度	-0.280***	0.061
家庭收入对数	0.302	0.231
随机效应		
截距	1.177	
卡方值	176.220***	
Log likelihood	colspan -513.544	

注：*** $p<0.001$；** $p<0.01$；* $p<0.05$；+ $p<0.1$。

资料来源：百村个人调查数据。

（三）流动的农村男性实施婚姻暴力可能性的影响

表 5-7 报告了婚姻挤压对流动的农村男性实施婚姻暴力可能性影响的回归结果。结果发现其具有以下几个方面的特征。

宏观县区层面的男孩偏好文化和同年龄组性别比对增加或降低其实施婚姻暴力的可能性没有显著影响；但县区层面的区域类型对其实施婚姻暴力的可能性具有显著的影响，表现为与来自东部的男性相比，中部地区男性施暴的可能性更高。

微观个体层面的成婚困难经历和生育性别偏好对其实施婚姻暴力的可能性均具有显著影响，表现为成婚困难的经历会显著增加流动的农村男性实施婚姻暴力的可能性；男孩生育偏好越强的男性，实施暴力的可能性越高。"丈夫外出，妻子留守"的流动模式会增加流动的农村男性施暴的可能性，这可能是由于夫妻间空间距离的拉大和生活环境的巨大差异，造成夫妻间城市化水平的不同步，使得夫妻间容易因观念分歧而引发婚姻冲突，而这种流动类型家庭中夫妻经济地位的严重不平等刺激了婚姻暴力的高发生率。

控制变量中，个人因素中经济压力越大、越担忧失业的流动的农村男性实施暴力的可能性越高；家庭因素中，婚姻满意度越高的流动的农村男性实施婚姻暴力的可能性越低，家庭收入越高的流动的农村男性施暴的可能性越高。

表 5-7　婚姻挤压对流动的农村男性实施婚姻暴力可能性影响的 Binary Logistic 回归分析结果

变量	系数	标准误
宏观层面		
县区出生性别比	-0.006	0.009
县区同年龄组性别比	-0.017	0.017
县区区域类型（东部）		
中部	1.114***	0.344
西部	-0.705	0.437

续表

变量	系数	标准误
微观层面		
经历成婚困难	0.764*	0.336
流动特征		
仅丈夫流动	0.527+	0.310
在X市生活时间	0.014	0.028
有流动经历	0.242	0.284
生育性别偏好（无男孩偏好）		
弱男孩偏好	0.070	0.307
强男孩偏好	1.397+	0.757
个人特征		
受教育程度（小学及以下）		
初中	-0.629	0.432
高中及以上	-0.397	0.480
1980年及以后出生	-0.120	0.353
个体工商户及以上	0.439	0.336
经济压力大	0.572+	0.311
担忧失业	0.804**	0.302
婚姻家庭特征		
夫妻相对受教育程度（相同）		
丈夫高	0.185	0.315
妻子高	-0.608	0.495
夫妻相对收入（相同）		
丈夫高	0.241	0.418
妻子高	-0.795	0.528
夫妻年龄差（0≤丈夫减妻子年龄≤2）		
3+	-0.148	0.295
<0	-0.378	0.442
通婚圈（县内）		
本市他县	0.436	0.565

续表

变量	系数	标准误
跨市	-0.446	0.354
婚姻满意度	-0.122*	0.056
家庭收入对数	0.802*	0.327
-2LL	352.001***	
Nagelkerke R^2	0.229	

注：*** $p<0.001$；** $p<0.01$；* $p<0.05$；+ $p<0.1$。
资料来源：X 市外来农村流动人口调查数据。

四 婚姻挤压对农村男性实施婚姻暴力类型的影响

（一）所有农村男性实施婚姻暴力类型的影响

表 5-8 报告了婚姻挤压对所有农村男性实施婚姻暴力类型影响的回归结果。结果发现其具有以下几个方面的特征。

宏观县区层面的男孩偏好文化和同年龄组性别比对其实施婚姻暴力的类型没有显著影响；但县区层面的区域类型对其实施婚姻暴力类型具有显著的影响作用，表现为与东部地区男性相比，中部地区男性只采用冷暴力的可能性更低。

微观个体层面的成婚困难经历和生育性别偏好对其实施婚姻暴力的类型均具有显著影响，表现为与没经历成婚困难且 26 岁以前结婚的男性相比，经历成婚困难但 26 岁以前结婚的男性只实施冷暴力的可能性更高，但实施肢体暴力的可能性则不存在显著性差异；男孩生育偏好越强的男性实施肢体暴力和只实施冷暴力的可能性均越高。夫妻外出打工模式为"丈夫外出，妻子留守"的农村男性实施肢体暴力和冷暴力的可能性均更高。

控制变量中，个人因素中受教育程度较低的农村男性实施冷暴力和肢体暴力的可能性都较高，1980 年及以后出生的农村男性实施肢体暴力和只实施冷暴力的可能性均较高；家庭因素中，婚姻满意度越高的农村男性实施肢体暴力和只实施冷暴力的可能性均越低。

表 5-8　婚姻挤压对所有农村男性实施婚姻暴力类型影响的 Multi-Logistic 随机截距模型分析

变量	实施肢体暴力/不实施暴力 系数	标准误	不实施肢体暴力，只实施冷暴力/不实施暴力 系数	标准误
固定效应				
截距	2.181	3.373	-3.744	2.707
宏观层面				
县区出生性别比	0.007	0.019	0.004	0.017
县区同年龄组性别比	-0.019	0.016	0.006	0.014
县区区域类型（东部）				
中部	-0.644	0.454	-1.215*	0.493
西部	-0.722	0.480	-0.614	0.462
微观层面				
成婚困难程度（没经历，26岁前结婚）				
没经历，26岁及以后结婚	0.093	0.523	0.441	0.383
经历，26岁以前结婚	0.436	0.331	0.789*	0.326
经历，26岁及以后结婚	0.866	0.540	0.610	0.589
流动特征				
夫妻流动模式（都不流动）				
共同流动	0.193	0.425	0.099	0.361
仅妻子流动	0.592	0.628	0.604	0.618
仅丈夫流动	0.945**	0.342	0.563+	0.347
生育性别偏好（无男孩偏好）				
弱男孩偏好	0.973**	0.367	0.550+	0.324
强男孩偏好	1.858***	0.522	1.011*	0.516
个人特征				
受教育程度（小学及以下）				
初中	-1.015**	0.342	-0.998**	0.351
高中及以上	-1.293**	0.458	-1.327**	0.439
1980年及以后出生	0.818**	0.308	0.872*	0.289**
个人收入对数	-0.172	0.163	-0.035	1.178

续表

变量	实施肢体暴力/不实施暴力		不实施肢体暴力,只实施冷暴力/不实施暴力	
	系数	标准误	系数	标准误
婚姻家庭特征				
夫妻相对受教育程度（相同）				
丈夫高	0.452	0.343	0.322	0.317
妻子高	-0.183	0.456	-0.730	0.428
夫妻相对收入（相同）				
丈夫高	0.105	0.376	0.485	0.430
妻子高	0.141	0.621	0.137	0.600
夫妻年龄差（0≤丈夫减妻子年龄≤2）				
3+	-0.438	0.336	0.023	0.302
<0	0.013	0.328	-0.225	0.370
通婚圈（县内）				
本市他县	0.034	0.392	0.354	0.399
跨市	-0.583	0.487	-0.487	0.415
婚姻满意度	-0.242***	0.069	-0.178**	0.058
家庭收入对数	-0.108	0.245	0.198	0.243
随机效应				
截距	1.627		1.573	
卡方值	182.284***		193.211***	
Log likelihood	-948.517			

注：*** $p<0.001$；** $p<0.01$；* $p<0.05$；+$p<0.1$。
资料来源：百村个人调查数据。

（二）未流动的农村男性实施婚姻暴力类型的影响

表5-9报告了婚姻挤压对未流动的农村男性实施婚姻暴力类型影响的回归结果。结果发现其具有以下几个方面的特征。

宏观县区层面的男孩偏好文化和结构性婚姻挤压对其实施婚姻暴力类型具有显著的影响作用，表现为：县区男孩偏好文化越强烈、县区同年龄组性别比越低地区的男性越容易实施肢体暴力，但对只实施冷暴力的可能性没有显著影响；与东部地区男性相比，中部地区男性只采用冷暴力的可能性更低。

微观个体层面的成婚困难经历和生育性别偏好对其实施婚姻暴力的类型均具有显著影响，表现为：与未经历成婚困难且26岁以前结婚的男性相比，经历成婚困难但26岁以前结婚的男性和经历成婚困难且26岁及以后结婚的男性只实施冷暴力的可能性均更高；但实施肢体暴力的可能性则不存在显著性差异。男孩生育偏好弱的未流动的农村男性实施肢体暴力和只实施冷暴力的可能性均更高，但男孩生育偏好强的未流动的农村男性在解决夫妻冲突时更倾向于实施肢体暴力。

控制变量中，个人因素中受教育程度较低的未流动的农村男性实施冷暴力和肢体暴力的可能性都较高。家庭因素中，婚姻满意度越高的未流动的农村男性实施肢体暴力和只实施冷暴力的可能性均越低；家庭收入水平越高的未流动的农村男性越容易只实施冷暴力。

表 5-9 婚姻挤压对未流动的农村男性实施婚姻暴力类型影响的 Multi-Logistic 随机截距模型分析

变量	实施肢体暴力/不实施暴力 系数	标准误	不实施肢体暴力，只施冷暴力/不实施暴力 系数	标准误
固定效应				
截距	-0.129	4.060	-2.996	2.980
宏观层面				
县区出生性别比	0.033+	0.020	0.008	0.018
县区同年龄组性别比	-0.056*	0.022	-0.018	0.016
县区区域类型（东部）				
中部	-0.415	0.533	-0.988*	0.486
西部	-0.017	0.576	-0.561	0.476
微观层面				
成婚困难程度（未经历，26岁以前结婚）				
未经历，26岁及以后结婚	0.010	0.624	0.641	0.418
经历，26岁以前结婚	0.568	0.403	0.903*	0.405
经历，26岁及以后结婚	1.032	0.659	1.052+	1.557

续表

变量	实施肢体暴力/不实施暴力		不实施肢体暴力，只实施冷暴力/不实施暴力	
	系数	标准误	系数	标准误
生育性别偏好（无男孩偏好）				
弱男孩偏好	1.418**	0.503	0.767+	0.417
强男孩偏好	1.861**	0.656	0.986	0.649
个人特征				
受教育程度（小学及以下）				
初中	-0.789+	0.448	-0.484	0.372
高中及以上	-1.212*	0.552	-1.222*	0.515
1980年及以后出生	0.522	0.457	0.414	0.405
个人收入对数	0.022	0.263	-0.124	0.208
婚姻家庭特征				
夫妻相对受教育程度（相同）				
丈夫高	0.129	0.460	0.082	0.390
妻子高	0.258	0.613	-0.565	0.495
夫妻相对收入（相同）				
丈夫高	-0.239	0.505	0.617	0.390
妻子高	-0.119	0.739	-0.348	0.682
夫妻年龄差（0≤丈夫减妻子年龄≤2）				
3+	-0.471	0.383	-0.054	0.352
<0	-0.256	0.413	0.041	0.405
通婚圈（县内）				
本市他县	-0.358	0.547	0.396	0.441
跨市	-0.068	0.515	0.096	0.451
婚姻满意度	-0.357***	0.081	-0.224***	0.074
家庭收入对数	0.125	0.284	0.419+	0.261
随机效应				
截距	1.650		1.021	
卡方值	138.285*		137.645*	
Log likelihood	-663.855			

注：*** p<0.001；** p<0.01；* p<0.05；+p<0.1。
资料来源：百村个人调查数据。

（三）流动的农村男性实施婚姻暴力类型的影响

表5-10报告了婚姻挤压对流动的农村男性实施婚姻暴力类型影响的回归结果。结果发现其具有以下几个方面的特征。

宏观县区层面的男孩偏好文化和同年龄组性别比对其实施婚姻暴力的类型没有显著影响；但县区层面的区域类型对其实施婚姻暴力类型具有显著的影响作用，表现为与东部地区男性相比，中部地区男性实施肢体暴力和只采用冷暴力的可能性均更高。

微观个体层面的成婚困难经历和生育性别偏好对其实施婚姻暴力的可能性均具有显著影响，表现为与未经历成婚困难且28岁以前结婚的男性相比，经历成婚困难且28岁及以后结婚的男性只实施冷暴力的可能性均更高；但实施肢体暴力的可能性则不存在显著性差异。男孩生育偏好强的流动的农村男性在解决夫妻冲突时更倾向于实施冷暴力。"丈夫外出，妻子留守"的流动模式显著增加流动的农村男性实施肢体暴力的可能性。

控制变量中，个人因素中经济压力对流动的农村男性实施肢体暴力具有显著的正向影响；担忧失业的流动的农村男性更倾向只实施冷暴力。家庭因素中，夫妻间收入的差距对流动的农村男性实施肢体暴力具有显著影响，但却表现为抑制作用，即与夫妻收入相同的男性相比，收入低于妻子的男性实施肢体暴力的可能性会降低。这可能和本调查中家庭的特殊性有关，调查发现妻子收入高于丈夫的家庭多是夫妻一起外出打工的家庭（丈夫多处于产业工人阶层，妻子多处于个体工商户阶层），在夫妻一起同甘苦共患难的外出打工过程中，丈夫会更加地理解和关心妻子，所以即使妻子的收入高于自己，男性也不会为了维护其家庭主导地位而采用肢体暴力这种比较容易激化夫妻矛盾的方式来处理夫妻间冲突，而能更冷静地处理夫妻间冲突。夫妻间受教育程度的差距对流动的农村男性实施肢体暴力具有显著影响，即与夫妻受教育程度相同的男性相比，受教育程度高于妻子的男性实施肢体暴力的可能性更高；跨市通婚的流动的农村男性实施肢体暴力的可能性更低；婚姻满意度仅对流动的农村男性实施肢体暴力具有显著影响，表现为婚姻满意度越高的男性实施肢体暴力的可能性也越低；家庭收入水平越高的流动的农村男性实施肢体暴力和只实施冷暴力的可能性均越高。

表 5-10　婚姻挤压对流动的农村男性实施婚姻暴力类型影响的 Multi-Logistic 回归分析结果

变量	实施肢体暴力/不实施暴力 系数	标准误	不实施肢体暴力，只实施冷暴力/不实施暴力 系数	标准误
宏观层面				
县区出生性别比	0.001	0.013	-0.012	0.011
县区同年龄组性别比	-0.016	0.027	-0.016	0.019
县区区域类型（东部）				
中部	1.411**	0.509	1.023**	0.387
西部	-0.546	0.678	-0.770	0.519
微观层面				
成婚困难程度（没经历，28 岁以前结婚）				
没经历，28 岁及以后结婚	-0.882	0.593	-0.092	0.386
经历，28 岁以前结婚	0.754	0.566	-0.114	0.529
经历，28 岁及以后结婚	0.630	0.784	1.546**	0.579
流动特征				
仅丈夫流动	0.731+	0.445	0.452	0.356
在 X 市生活时间	0.037	0.041	-0.001	0.032
有流动经历	0.332	0.431	0.145	0.329
生育性别偏好（无男孩偏好）				
弱男孩偏好	0.329	0.469	-0.004	0.351
强男孩偏好	1.362	1.099	1.555*	0.794
个人特征				
受教育程度（小学及以下）				
初中	-0.874	0.642	-0.553	0.501
高中及以上	-0.939	0.728	-0.116	0.559
1980 年及以后出生	0.446	0.538	-0.379	0.410
个体工商户及以上	0.561	0.501	0.285	0.391
经济压力大	1.066*	0.453	0.350	0.360
担忧失业	0.608	0.449	0.931**	0.353

续表

变量	实施肢体暴力/不实施暴力		不实施肢体暴力，只实施冷暴力/不实施暴力	
	系数	标准误	系数	标准误
婚姻家庭特征				
夫妻相对受教育程度（相同）				
丈夫高	0.830+	0.474	-0.188	0.368
妻子高	-1.010	0.832	-0.357	0.558
夫妻相对收入（相同）				
丈夫高	0.091	0.626	0.336	0.493
妻子高	-1.507+	0.819	-0.556	0.614
夫妻年龄差（0≤丈夫减妻子年龄≤2）				
3+	0.423	0.455	-0.447	0.354
<0	-0.031	0.629	-0.565	0.517
通婚圈（县内）				
本市他县	1.097	0.735	-0.233	0.714
跨市	-1.134+	0.597	-0.263	0.397
婚姻满意度	-0.147+	0.079	-0.092	0.062
家庭收入对数	1.385**	0.504	0.655+	0.373
-2LL	472.527**			
Nagelkerke R^2	0.287			

注：*** $p<0.001$；** $p<0.01$；* $p<0.05$；+$p<0.1$。
资料来源：X 市外来农村流动人口调查数据。

五 小结

本章以第三章城乡流动背景下婚姻挤压对农村人口婚姻暴力影响的分析框架为理论分析基础，主要探索了城乡流动背景下婚姻挤压对中国农村男性实施婚姻暴力的影响。首先分析了中国农村男性实施婚姻暴力的总体特征和结构性差异；其次比较分析了不同的夫妻流动模式对农村男性实施婚姻暴力可能性的影响以及婚姻挤压对未流动的农村男性和流动的农村男性实施婚姻暴力可能性的影响；最后比较分析了不同的夫妻流动模式对农村男性实施婚姻暴力类型的影响以及婚姻挤压对未流动的农村男性和流动的农村男性实施婚姻暴力类型的影响。结果发现其具有以下几个方面的特征。

第一，出生性别比持续偏高导致的男性"婚姻挤压"引发的男性婚配危机会刺激对女性婚姻暴力的发生率上升，女性缺失和其在婚姻市场中的稀缺性并未带来社会性别关系"男高女低"的逆转，而是进一步损害女性权益、威胁女性的人身安全。对妻子实施暴力已成为遭受成婚困难男性解决夫妻冲突的主要方式；未流动的农村男性遭受成婚困难且被迫晚婚时，更倾向于使用肢体暴力，且以既实施肢体暴力又实施冷暴力为主；而流动的农村男性遭受成婚困难且被迫晚婚时，更倾向于使用冷暴力。由于家庭生活的私密性，一些被访者在回答询问时可能出于防御心理而加以隐瞒，婚姻暴力的发生率明显高于当事人一方的自述[92]，那么在现实生活中曾经遭受过成婚困难的农村男性实施婚姻暴力的概率和激烈程度很可能会比本调查显示的结果严重得多。

第二，结构性婚姻挤压因素中的同年龄组性别比仅对目前生活在传统乡土社会的农村男性的施暴行为具有显著影响，表现为在同年龄组性别比越严重的地区，男性实施肢体暴力的比例越低。区域类型对目前生活在传统乡土社会以及目前生活在城市的农村男性实施婚姻暴力均具有显著的影响，且呈现出复杂的影响模式。

第三，宏观层面的社会文化规范和制度仅对生活在乡土社会的农村男性实施婚姻暴力具有显著影响，表现为生活在父权文化越浓郁场域的农村男性越倾向于实施肢体暴力来解决夫妻冲突；而对目前生活在城市的农村男性实施婚姻暴力的行为没有显著影响。对此，有一种可能的解释有待于在未来的研究中进行验证，即因外出务工发生的流动使得农村男性远离了相对较为封闭的乡土社会，并为其提供了接触现代城市文明的机会，空间距离的增加和现代城市文明的冲击削弱了家乡所在地社会文化规范和制度对个人行为的影响。

第四，微观个体层面的生育性别偏好会显著增加农村男性实施婚姻暴力的可能性。对目前生活在乡土社会的农村男性而言，有男孩偏好但较弱的男性实施肢体暴力和只实施冷暴力的可能性均更高，而男孩生育偏好强的男性在解决夫妻冲突时更倾向于实施肢体暴力；对目前生活在城市的农村男性而言，男孩生育偏好强的男性在解决夫妻冲突时更倾向于只实施冷暴力解决夫妻冲突。国外学者 Smith 通过对加拿大多伦多一般女性的遭受婚姻暴力的研究也发现，传统父权意识越强烈的男性对妻子实施婚姻暴力的可能性越高[168]。本研究发现在一定程度上再次表明父权文化意识越强的农村男性实施婚姻暴力的可能性越高；流动到城市的农村男性通过观察学习城市场域中城市夫妻间处理婚姻冲突的方式，会降低使用肢体暴力这一激烈且容易让夫妻矛盾升级的方式处理婚姻冲突，而更可能采用冷暴力进行冷处理以缓解夫妻间冲突。

第五，"丈夫外出，妻子留守"的家庭外出打工模式对农村男性实施婚姻暴力，尤其是实施肢体暴力具有显著的刺激作用。这可能是夫妻间空间距离的拉大和生活环境的巨大差异，造成夫妻间城市化水平的不同步，使得夫妻间容易因观念分歧而引发婚姻冲突，而这种流动类型家庭中夫妻经济地位的严重不平等刺激了婚姻暴力的高发生率。调查发现在"丈夫外出，妻子留守"的家庭中，绝大多数男性的收入占夫妻总收入的比例超过 75%，且其配偶留在家乡主要从事传统农业或者无业，经济资源的匮乏迫使留守妻子在经济上处于绝对的从属地位。已有的实证研究表明，当妻子收入不足夫妻总收入的 25%时，由于妻子对丈夫的经济依赖程度很高，会大大增加男性实施肢体暴力的可能性[77]。本研究发现在一定程度上表明在父权文化占主导地位的农村地区，农村女性自身掌握资源的匮乏以及其对丈夫经济资源的高度依赖是其遭受婚姻暴力的原因之一，掌握资源多于妻子的男性更容易在夫妻冲突时实施暴力[92]。

总的来说，本章研究发现宏观层面和微观层面的婚姻挤压对中国农村男性实施婚姻暴力的发生具有差异性的影响，流动削弱了婚姻挤压对农村男性实施婚姻暴力的影响作用。具体地说，宏观层面的婚姻挤压因素对农村男性实施婚姻暴力具有显著的抑制作用，流动削弱了宏观层面婚姻挤压因素的抑制作用；微观层面的婚姻挤压因素对农村男性实施婚姻暴力具有显著的刺激作用，流动削弱了微观层面婚姻挤压因素的刺激作用。出生性别比持续偏高带来的"男多女少"到底对谁有利以及妇女权利和地位是否因女性数量短缺而有所提高是性别失衡后果研究中争论的热点问题。本研究发现婚姻市场中"男多女少"没能改善女性的生存环境，婚姻暴力发生率的增加对女性的安全构成了严重威胁。正如刘爽所言，婚姻市场中"男多女少"引发的婚姻家庭问题，会对社会中的女性造成直接和间接的多重伤害[223]，女性数量的稀缺并不意味着女性必然会获得更高的婚姻和家庭地位[224]。已有学者利用第三期中国妇女社会地位调查和第六次人口普查数据进行实证分析发现，在婚龄期性别比偏高地区的妇女将更有可能遭遇家庭暴力的伤害。关于性别失衡对婚姻暴力影响的作用机制探究发现，性别失衡引发的以夫妻间阶层差、年龄差为主要体现形式的异质婚姻可能是加剧婚姻暴力发生的原因之一。婚姻暴力的高发生率会严重刺激家庭解体风险系数增大，对于这些迫于婚姻挤压而不能顺利成婚的农村男性而言，即使他们最终完婚，也很可能被迫重返"单身"队列，对社会稳定构成潜在威胁。伴随1980年后出生的"过剩"男性人口逐渐进入婚姻市场，婚姻市场中遭受到婚姻挤压的男性弱势群体日益增多，越来越多的农村男性会面临婚配困难而不能顺利成婚，其婚姻质量和家庭的脆弱性势必会成为严重的社会问题，需要政府和社会各界给予重视。

第六章
婚姻挤压对农村女性实施婚姻暴力的影响

以第三章城乡流动背景下婚姻挤压对农村人口婚姻暴力影响的分析框架为理论分析基础，本章主要以女性个体作为分析单位，探寻婚姻挤压对未流动的农村女性和流动的农村女性实施婚姻暴力可能性和类型的影响。

一 研究设计

（一）研究内容

通过对已有研究成果的梳理，我们发现目前婚姻暴力研究领域对女性群体的分析主要是通过收集女性受访者报告的遭受婚姻暴力信息，分析其为什么会遭受婚姻暴力，较少有研究关注女性为什么要实施婚姻暴力。婚姻暴力指发生在已婚夫妻之间的暴力行为，既包括男性对妻子的暴力行为，也包括女性对丈夫的暴力行为。为了更全面和深入地认识和理解婚姻暴力问题，有必要将对婚姻暴力问题的关注由研究男性实施婚姻暴力行为扩展到关注女性实施婚姻暴力，探索当代中国农村女性实施婚姻暴力的特征和影响因素。

在第三章提出的城乡流动背景下婚姻挤压对农村婚姻暴力影响的分析框架的指导下，本章的研究内容主要包括以下三个方面。第一，了解城乡流动和婚姻挤压情境下农村女性实施婚姻暴力的总体状况及内部差异。第二，比较分析宏观县区层面男孩偏好文化和结构性婚姻挤压因素以及微观个体层面的丈夫成婚困难经历和生育性别偏好因素对未流动农村女性和流动的农村女性实施婚姻暴力可能性的影响。第三，比较宏观县区层面男孩偏好文化和结构性婚姻挤压因素以及微观个体层面的丈夫成婚困难经历和生育性别偏好因素对未流动的农村女性和流动的农村女性实施婚姻暴力类型的影响。

(二) 变量设置

1. 因变量

是否实施婚姻暴力和实施婚姻暴力类型。本章对这两个变量的操作和上一章相同，在此不再赘述。在这里需要说明的是，由于"百村个人调查"的主要目的是研究男性"婚姻挤压"对不同婚姻状况下农村人口，特别是大龄未婚男性人口生存状况的影响，所以本次调查设计中包含的已婚女性样本量较少，不能满足回归分析的要求。因此在使用"百村个人调查"数据实证分析所有农村女性和未流动的农村女性实施婚姻暴力时，使用由农村男性报告的"遭受婚姻暴力"的信息，来测量农村女性实施婚姻暴力的状况。

2. 自变量

自变量包括宏观层面的县区出生性别比、县区同年龄组性别比、县区区域类型，和微观层面的丈夫成婚困难经历、个体的生育性别偏好和流动因素。

在对所有农村女性实施婚姻暴力的分析中，流动因素仅包括夫妻流动模式，分为夫妻都不流动、夫妻共同流动、仅妻子流动和仅丈夫流动四类。对流动的农村女性实施婚姻暴力的分析中，流动因素还包括在 X 市生活的时间、有无流动经历。

3. 控制变量

(1) 个人因素

对所有农村女性和未流动的农村女性实施婚姻暴力的分析中，个人因素包括受教育程度、出生队列和收入对数；对流动的农村女性实施婚姻暴力的分析中，个人因素包括受教育程度、出生队列、职业阶层、经济压力、是否担忧失业。

(2) 婚姻家庭因素

在对所有农村女性和未流动的农村女性实施婚姻暴力的分析中，婚姻家庭因素均包括夫妻相对受教育程度、夫妻相对收入、夫妻年龄差、通婚圈和家庭收入对数。在对流动的农村女性实施婚姻暴力的分析中，则增加了"婚姻满意度"。

本章对自变量和控制变量的操作和前面两章相同，在此不再赘述。表6-1给出了自变量和控制变量的描述性信息。

表 6-1 自变量和控制变量的描述性信息

变量	所有农村女性 均值	所有农村女性 标准差	未流动的农村女性 均值	未流动的农村女性 标准差	流动的农村女性 均值	流动的农村女性 标准差
宏观层面	118		110		280	
县区出生性别比	117.90	9.66	117.66	9.82	129.29	18.71
县区同年龄组性别比	102.41	11.39	104.15	10.56	99.51	7.77
县区区域类型（东部）						
中部	0.38	0.49	0.39	0.49	0.37	0.48
西部	0.43	0.50	0.41	0.49	0.10	0.31
微观层面	523		342		280	
丈夫成婚困难经历（无）						
有	0.27	0.44	0.30	0.46	0.21	0.41
流动特征						
在X市生活时间	—	—	—	—	8.03	4.91
有流动经历					0.39	0.49
夫妻流动模式（都不流动）						
共同流动	0.14	0.35	—	—	—	—
仅妻子流动	0.04	0.19	—	—	0.11	0.31
仅丈夫流动	0.18	0.38	—	—	0.00	0.00
生育性别偏好（无男孩偏好）	—	—	—	—		
弱男孩偏好	—	—	—	—	0.58	0.49
强男孩偏好	—	—	—	—	0.04	0.20
个人特征						
受教育程度（小学及以下）						
初中	0.45	0.50	0.38	0.49	0.60	0.49

续表

变量	所有农村女性 均值	所有农村女性 标准差	未流动的农村女性 均值	未流动的农村女性 标准差	流动的农村女性 均值	流动的农村女性 标准差
高中及以上	0.14	0.35	0.15	0.35	0.26	0.44
1980年及以后出生	0.35	0.48	0.24	0.43	0.30	0.47
个体工商户及以上	—	—	—	—	0.47	0.50
经济压力大	—	—	—	—	0.51	0.50
担忧失业	—	—	—	—	0.61	0.49
个人收入对数	7.59	2.60	7.61	2.53	—	—
婚姻家庭特征						
夫妻相对受教育程度（相同）						
丈夫高	0.33	0.47	0.34	0.48	0.36	0.48
妻子高	0.11	0.31	0.09	0.29	0.10	0.30
夫妻相对收入（相同）						
丈夫高	0.32	0.47	0.74	0.44	0.76	0.43
妻子高	0.10	0.30	0.11	0.31	0.08	0.27
夫妻年龄差（0≤丈夫减妻子年龄≤2）						
3+	0.32	0.47	0.36	0.48	0.39	0.49
<0	0.16	0.37	0.17	0.38	0.09	0.28
通婚圈（县内）						
本市他县	0.11	0.31	0.12	0.32	0.09	0.29
跨市	0.10	0.30	0.09	0.29	0.27	0.45
婚姻满意度	—	—	—	—	11.93	2.45
家庭收入对数	9.77	0.86	9.69	0.92	8.35	0.58

资料来源：X市外来农村流动人口调查和百村个人调查数据。

（三）研究方法与分析策略

本章首先分别对未流动的农村女性和流动的农村女性实施婚姻暴力的状况进行描述性分析；其次，分别对未流动农村女性和流动的农村女性实施婚姻暴力可能性的影响因素进行回归分析，并对回归结果进行对比分析；最后分别对未流动农村女性和流动农村女性实施婚姻暴力类型的影响因素进行回归分析，并对回归结果进行对比分析。

由于因变量"是否实施婚姻暴力"是二分类变量，因此对所有农村女性和未流动的农村女性是否实施婚姻暴力的分析分别采用分层 Binary Logistic 随机截距模型进行分析；对流动的农村女性是否实施婚姻暴力的分析则采用一般 Binary Logistic 回归模型进行分析。

由于因变量"实施婚姻暴力类型"是三分类变量，因此对所有农村女性和未流动的农村女性实施婚姻暴力类型的分析分别采用分层 Multi-Logistic 随机截距模型进行分析；对流动的农村女性实施婚姻暴力类型的分析则采用一般 Multi-Logistic 回归模型进行分析。

二 农村女性实施婚姻暴力状况

（一）总体水平

调查发现，大多数的农村女性是通过讲道理来和平解决婚姻冲突的，无论是未流动的农村女性还是目前正在流动的农村女性实施暴力的类型均以冷暴力为主（见图 6-1）。通过对不同流动经历的农村女性实施婚姻暴力的分析可知，流动降低了农村女性采用婚姻暴力解决婚姻冲突的比例，并且流动的农村女性采用肢体暴力的比例低于未流动的农村女性 8 个百分点。与农村男性相似，流动使得农村女性远离了父权文化占主导的乡土文化场域，其行为方式会更多受到城市场域中文化规范的影响，流动到城市的农村女性通过观察学习城市场域中城市夫妻间处理婚姻冲突的方式，从而降低使用暴力解决婚姻冲突的比例，并减少使用肢体暴力这一激烈且容易让夫妻矛盾升级的方式处理婚姻冲突。

（二）结构差异

1. 夫妻流动模式与农村女性实施婚姻暴力的分布

研究结果显示（见表 6-2），流动增加了农村女性实施婚姻暴力的比例，在夫妻流动模式为"仅丈夫单独流动或仅妻子单独流动"的家庭中，女性均容易实施婚姻暴力解决夫妻冲突；尤其在"丈夫外出，妻子留守"

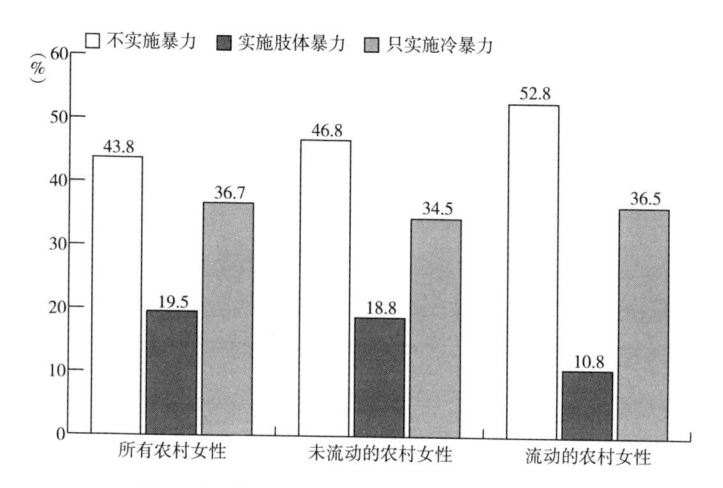

图 6-1 农村女性实施婚姻暴力的分布状况

的家庭中，大多数（69.9%）农村女性会实施婚姻暴力解决夫妻冲突。从 LR 检验的结果来看，夫妻流动模式对农村女性实施婚姻暴力的分布具有显著影响。

表 6-2 夫妻流动模式与农村女性实施婚姻暴力类型的分布

单位：%

		夫妻流动模式				LR 检验
		都不流动	共同流动	仅丈夫流动	仅妻子流动	
所有农村女性	不实施暴力	47.6	45.9	30.1	35.0	*
	实施肢体暴力	18.5	12.2	29.0	20.0	
	只实施冷暴力	33.9	41.9	40.9	45.0	
流动的农村女性	不实施暴力	—	51.9	60.0	—	ns
	实施肢体暴力	—	10.9	10.0	—	
	只实施冷暴力	—	37.2	30.0	—	

注：*** $p<0.001$；** $p<0.01$；* $p<0.05$；+ $p<0.1$。
资料来源：X 市外来农村流动人口调查和百村个人调查数据。

2. 丈夫成婚困难经历与农村女性实施婚姻暴力的分布

丈夫经历成婚困难的未流动的农村女性实施婚姻暴力的比例高达

64.1%，高于没经历过成婚困难的未流动农村女性 15.5 个百分点（见表 6-3）；相比之下，丈夫经历成婚困难的正在流动的农村女性群体实施婚姻暴力的比例低于丈夫没经历过成婚困难的流动农村女性。从 LR 检验的结果来看，丈夫有无经历成婚困难对未流动的农村女性和目前正在流动的农村女性实施婚姻暴力的分布的影响均不显著。

表 6-3 丈夫有无经历成婚困难与农村女性实施婚姻暴力类型的分布

单位：%

		有	无	LR 检验
所有农村女性	不实施暴力	36.9	46.3	ns
	实施肢体暴力	22.0	18.6	
	只实施冷暴力	41.9	35.1	
未流动的农村女性	不实施暴力	35.8	51.4	*
	实施肢体暴力	24.5	16.3	
	只实施冷暴力	39.6	32.3	
流动的农村女性	不实施暴力	56.7	51.8	ns
	实施肢体暴力	11.7	10.5	
	只实施冷暴力	31.7	37.7	

注：*** $p<0.001$；** $p<0.01$；* $p<0.05$；+ $p<0.1$。
资料来源：X 市外来农村流动人口调查和百村个人调查数据。

3. 宏观层面男孩偏好文化、结构性婚姻挤压与农村女性实施婚姻暴力的分布

对目前生活在传统乡土社会的农村女性而言（见表 6-4），在传统父权文化体制衍生出的男孩偏好文化氛围越严重的地区，女性实施婚姻暴力的比例越高，且更倾向实施肢体暴力。单因素方差分析的检验结果也表明，县区的男孩偏好文化对未流动农村女性实施婚姻暴力的分布有显著影响。相比之下，县区的同年龄组性别比对未流动农村女性的施暴没有显著影响。来自不同地区的未流动的农村女性实施婚姻暴力的分布呈现出显著差异：来自西部地区的女性在解决冲突时实施婚姻暴力的比例最低，其次是中部地区的女性，最高是东部地区的女性；从实施婚姻暴力的类型来看，生活在东部和西部地区乡土社会的农村女性更倾向于实施冷暴力，但生活在中部地区乡土社会的农村女性则更倾向于实施肢体暴力。

对目前业已离开传统乡土社会而生活在城市的流动农村女性而言（见表6-4），来自男孩偏好文化氛围越严重地区的女性则表现出实施婚姻暴力的比例越低，且更倾向实施冷暴力的趋势；来自同年龄组性别比越严重地区的女性也显示出实施婚姻暴力的比例越高，且更倾向于只实施肢体暴力的特征。但从单因素方差分析的检验结果来看，家乡所在地的出生性别比和同年龄组性别比对流动农村女性实施婚姻暴力的分布的影响不显著。这可能是因外出务工发生的流动使得农村女性远离了相对较为封闭的乡土社会，并为其提供了接触现代城市文明的机会，空间距离的增加和现代城市文明的冲击削弱了家乡所在地文化环境和人口结构对其婚姻暴力行为的影响。另外来自不同地区的流动的农村女性实施婚姻暴力的行为不存在显著差异。

表6-4 男孩偏好文化、结构性婚姻挤压与农村女性实施婚姻暴力类型的分布

单位：%

		县区区域类型				县区出生性别比		县区同年龄组性别比	
		东部	中部	西部	LR检验	均值	AVON分析	均值	AVON分析
所有农村女性	不实施暴力	31.6	47.9	44.1	**	116.93	ns	103.95	ns
	实施肢体暴力	21.5	23.7	14.8		117.13		101.95	
	只实施冷暴力	46.8	28.4	41.0		115.86		103.62	
未流动的农村女性	不实施暴力	33.9	48.7	50.3	*	113.91	+	104.60	ns
	实施肢体暴力	19.4	23.7	13.3		119.58		100.89	
	只实施冷暴力	46.8	27.6	36.4		116.48		104.18	
流动的农村女性	不实施暴力	51.7	53.3	56.7	ns	129.50	ns	99.92	ns
	实施肢体暴力	10.6	11.2	10.0		128.22		100.42	
	只实施冷暴力	37.7	35.5	33.3		129.32		98.67	

注：*** p<0.001；** p<0.01；* p<0.05；+ p<0.1。
资料来源：X市外来农村流动人口调查和百村个人调查数据。

三 婚姻挤压对农村女性实施婚姻暴力可能性的影响

(一) 所有农村女性实施婚姻暴力可能性的影响

表 6-5 报告了婚姻挤压对所有农村女性实施婚姻暴力可能性影响的回归结果。

表 6-5 婚姻挤压对所有农村女性实施婚姻暴力可能性影响的
Binary Logistic 随机截距模型分析

变量名称	系数	标准误
固定效应		
截距	-1.290	2.543
宏观层面		
县区出生性别比	0.001	0.015
县区同年龄组性别比	0.001	0.012
县区区域类型（东部）		
中部	-0.811*	0.409
西部	-0.696+	0.413
微观层面		
丈夫经历成婚困难	0.432+	0.245
流动特征		
夫妻流动模式（都不流动）		
共同流动	0.047	0.340
仅妻子流动	0.604	0.543
仅丈夫流动	0.877**	0.314
个人特征		
受教育程度（小学及以下）		
初中	-0.227	0.269
高中及以上	-0.659+	0.409
出生队列		
1980 年及以后出生	0.530*	0.256

续表

变量名称	系数	标准误
个人收入对数	0.039	0.046
婚姻家庭特征		
夫妻相对受教育程度（相同）		
丈夫高	−0.075	0.251
妻子高	0.102	0.373
夫妻相对收入（相同）		
丈夫高	0.393	0.310
妻子高	0.396	0.429
夫妻年龄差（0≤丈夫减妻子年龄≤2）		
3+	0.011	0.242
<0	0.007	0.294
通婚圈（县内）		
本市他县	−0.102	0.352
跨市	−0.049	0.354
家庭收入对数	0.114	0.142
随机效应		
截距	0.958	
卡方值	203.199***	
Log likelihood	−742.004	

注：*** p<0.001；** p<0.01；* p<0.05；+p<0.1。
资料来源：百村个人调查数据。

宏观县区层面的男孩偏好文化和同年龄组性别比对增加或降低农村女性实施婚姻暴力的可能性没有显著影响；但区域类型对其实施婚姻暴力的可能性具有显著影响，表现为与东部地区女性相比，中部地区和西部地区的女性实施婚姻暴力的可能性更低。

微观层面的丈夫成婚困难的经历会显著增加农村女性实施婚姻暴力的可能性。本书第四章以家庭为分析单位研究发现丈夫成婚困难经历会显著增加农村家庭中发生夫妻相互施暴的可能性，第五章以男性个体为分析单位的研究发现丈夫成婚困难经历会显著增加农村男性实施婚姻暴力解决夫妻冲突的可能性。由此可见，本章的研究发现在一定程度上再次呼应了前两章研究的结论，但丈夫成婚困难的经历为什么会刺激农村女性实施婚姻暴力是值得我们深思的。本调查发现丈夫经历成婚困难的家庭的社会经济地位明显低于其他家庭，也就意味着这类型弱势家庭受社会和经济资源较为匮乏的影响更容易面临和遭受更多和更严重的压力挑战，容易引发婚姻冲突和婚姻暴力的发生。在这种弱势家庭中的妻子可能会出于释放内在心理紧张或压力的需求主动实施婚姻暴力，也可能会出于抵抗丈夫实施婚姻暴力的需求被迫实施婚姻暴力。另外，本研究发现夫妻流动模式为"丈夫外出，妻子留守"时，女性更容易实施婚姻暴力。

控制变量中，个人因素中的受教育程度和出生队列对农村女性实施婚姻暴力的可能性具有显著影响，受教育程度为高中及以上的女性实施婚姻暴力的可能性较低，年龄小于30岁的女性更倾向于实施婚姻暴力解决夫妻冲突。

（二）未流动的农村女性实施婚姻暴力可能性的影响

表6-6报告了婚姻挤压对未流动的农村女性实施婚姻暴力可能性影响的回归结果。

宏观县区层面的男孩偏好文化和区域类型对增加或降低未流动的农村女性实施婚姻暴力的可能性没有显著影响；但同年龄组性别比对其实施婚姻暴力的可能性具有显著的抑制作用，表现为同年龄组性别比越高地区的女性实施婚姻暴力的可能性越低。

微观层面丈夫成婚困难的经历会显著增加未流动的农村女性实施婚姻暴力解决婚姻冲突的可能性。

控制变量中，个人因素中的受教育程度对未流动的农村女性实施婚姻暴力的可能性具有显著影响，受教育程度为高中及以上的女性实施婚姻暴力的可能性较低。

表6-6 婚姻挤压对未流动农村女性实施婚姻暴力可能性影响的 Binary Logistic 随机截距模型分析

变量名称	系数	标准误
固定效应		
截距	0.374	2.794
宏观层面		

续表

变量名称	系数	标准误
县区出生性别比	0.005	0.014
县区同年龄组性别比	-0.026+	0.014
县区区域类型（东部）		
中部	-0.641	0.405
西部	-0.574	0.414
微观层面		
丈夫经历成婚困难	0.628*	0.277
个人特征		
受教育程度（小学及以下）		
初中	-0.309	0.304
高中及以上	-0.791+	0.469
1980年及以后出生	0.218	0.314
个人收入对数	0.044	0.058
婚姻家庭特征		
夫妻相对受教育程度（相同）		
丈夫高	-0.118	0.292
妻子高	0.233	0.484
夫妻相对收入（相同）		
丈夫高	0.489	0.357
妻子高	0.598	0.496
夫妻年龄差（0≤丈夫减妻子年龄≤2）		
3+	0.117	0.277
<0	0.028	0.354
通婚圈（县内）		
本市他县	-0.140	0.404
跨市	0.439	0.453
家庭收入对数	0.161	0.157
随机效应		
截距	0.483	
卡方值	135.134*	
Log likelihood	-495.65	

注：*** $p<0.001$；** $p<0.01$；* $p<0.05$；+ $p<0.1$。

资料来源：百村个人调查数据。

（三）流动的农村女性实施婚姻暴力可能性的影响

表 6-7 报告了婚姻挤压对流动的农村女性实施婚姻暴力可能性影响的回归结果。结果发现其具有以下几个方面的特征。

宏观县区层面的男孩偏好文化和结构性婚姻挤压对增加或降低流动到城市的农村女性实施婚姻暴力的可能性均没有显著影响。

微观层面丈夫成婚困难的经历没有显著增加或降低流动的农村女性实施婚姻暴力的可能性，但男孩生育偏好越强的女性实施婚姻暴力的可能性越高。根据社会文化理论的观点来看，认同父权文化的女性个体在婚姻家庭中不会为了获取资源和权力而主动使用婚姻暴力[95]。很多有关女性实施婚姻暴力的研究表明，女性使用暴力更多的是为了自卫[87,96]。另外，本调查发现男孩生育偏好强的女性具有受教育程度和收入水平均较低的特征，已有研究发现受教育程度较低、缺乏谋生技能或适应能力的人群会在城市生活的适应过程中面对更大的困难和挑战[188]，心理健康受损严重，容易实施暴力。受调查收集信息的限制，为什么男孩生育偏好越强的女性实施婚姻暴力的可能性越高有待于进行进一步的研究。

控制变量中，个人因素中职业阶层在个体工商户及以上的女性实施暴力的可能性较高。家庭因素中，婚姻满意度越高的女性实施婚姻暴力的可能性越低；夫妻间受教育程度的差异对女性实施婚姻暴力的可能性具有显著影响，表现为与夫妻受教育程度相同的女性相比，受教育程度低于丈夫的女性实施婚姻暴力的可能性更低；当丈夫年龄大于妻子 3 岁及以上时，女性实施暴力的可能性较低。

表 6-7　婚姻挤压对流动的农村女性实施婚姻暴力可能性影响的 Binary Logistic 回归分析结果

变量	系数	标准误
宏观层面		
县区出生性别比	-0.010	0.008
县区同年龄组性别比	-0.021	0.019
县区区域类型（东部）		

续表

变量	系数	标准误
中部	-0.041	0.332
西部	-0.248	0.519
微观层面		
丈夫经历成婚困难	-0.434	0.394
流动特征		
仅妻子流动	-0.444	0.450
在 X 市生活时间	0.012	0.033
有流动经历	-0.051	0.304
生育性别偏好（无男孩偏好）		
弱男孩偏好	0.228	0.305
强男孩偏好	1.908*	0.827
个人特征		
受教育程度（小学及以下）		
初中	0.204	0.439
高中及以上	0.400	0.560
1980 年及以后出生	0.421	0.343
个体工商户及以上	0.849*	0.344
经济压力大	-0.022	0.296
担忧失业	0.435	0.292
婚姻家庭特征		
夫妻相对受教育程度（相同）		
丈夫高	-0.763*	0.314
妻子高	-0.504	0.497
夫妻相对收入（相同）		
丈夫高	0.287	0.452
妻子高	-0.035	0.598
夫妻年龄差（0≤丈夫减妻子年龄≤2）		
3+	-0.604+	0.317
<0	-0.837	0.532

续表

变量	系数	标准误
通婚圈（县内）		
本市他县	0.289	0.482
跨市	0.486	0.342
婚姻满意度	-0.255***	0.062
家庭收入对数	0.011	0.254
-2LL	336.678**	
Nagelkerke R^2	0.221	

注：*** p<0.001；** p<0.01；* p<0.05；+p<0.1。

资料来源：X市外来农村流动人口调查数据。

四　婚姻挤压对农村女性实施婚姻暴力类型的影响

（一）所有农村女性实施婚姻暴力类型的影响

表6-8报告了婚姻挤压对所有农村女性实施婚姻暴力类型影响的回归结果。结果发现其具有以下几个方面的特征。

宏观县区层面的男孩偏好文化和同年龄组性别比对农村女性实施婚姻暴力的类型均没有显著影响；但县区层面的区域类型对其实施婚姻暴力类型具有显著的影响作用，表现为与东部地区女性相比，中部地区女性只实施冷暴力的可能性更低，西部地区的女性实施肢体暴力和实施冷暴力的可能性均更低。

微观层面丈夫成婚困难的经历仅显著增加女性实施冷暴力的可能性，对其实施肢体暴力的可能性没有显著影响。夫妻外出打工模式为"丈夫外出，妻子留守"的女性实施肢体暴力和遭受冷暴力的可能性均更高。

控制变量中，个人因素中受教育程度为高中及以上的女性实施肢体暴力的可能性更低；年龄小于30岁的女性只实施冷暴力的可能性更高。家庭因素中，夫妻间收入的差异对女性实施冷暴力的可能性具有显著影响，表现为与夫妻收入相同的女性相比，收入低于丈夫的女性只实施冷暴力的可能性更高。

表 6-8　婚姻挤压对所有农村女性实施婚姻暴力类型影响的 Multi-Logistic 随机截距模型分析

变量	实施肢体暴力/不实施暴力		不实施肢体暴力,只实施冷暴力/不实施暴力	
	系数	标准误	系数	标准误
固定效应				
截距	-1.158	3.132	-2.191	2.585
宏观层面				
县区出生性别比	0.006	0.016	-0.003	0.013
县区同年龄组性别比	-0.015	0.017	0.009	0.011
县区区域类型（东部）				
中部	-0.359	0.479	-1.091**	0.396
西部	-0.827+	0.479	-0.656+	0.387
微观层面				
丈夫经历成婚困难	0.391	0.302	0.467+	0.255
流动特征				
夫妻流动模式（都不流动）				
共同流动	-0.438	0.493	0.217	0.345
仅妻子流动	0.288	0.592	0.689	0.589
仅丈夫流动	1.052**	0.394	0.759*	0.325
个人特征				
受教育程度（小学及以下）				
初中	-0.389	0.410	-0.146	0.273
高中及以上	-1.069*	0.553	-0.466	0.434
出生队列				
1980年及以后出生	0.530	0.345	0.543+	0.298
个人收入对数	0.048	0.064	0.033	0.059
婚姻家庭特征				
夫妻相对受教育程度（相同）				
丈夫高	-0.148	0.346	-0.069	0.311
妻子高	0.094	0.453	0.122	0.373

续表

变量	实施肢体暴力/不实施暴力 系数	标准误	不实施肢体暴力，只实施冷暴力/不实施暴力 系数	标准误
夫妻相对收入（相同）				
丈夫高	-0.148	0.395	0.762*	0.344
妻子高	-0.056	0.595	0.707	0.468
夫妻年龄差（0≤丈夫减妻子年龄≤2）				
3+	-0.048	0.325	0.009	0.237
<0	-0.474	0.362	0.210	0.326
通婚圈（县内）				
本市他县	-0.540	0.437	0.083	0.288
跨市	-0.300	0.474	0.097	0.376
家庭收入对数	0.153	0.208	0.088	0.150
随机效应				
截距	1.595		0.844	
卡方值	165.888***		167.190***	
Log likelihood		-956.186		

注：*** $p<0.001$；** $p<0.01$；* $p<0.05$；+ $p<0.1$。

资料来源：百村个人调查数据。

（二）未流动的农村女性实施婚姻暴力类型的影响

表6-9报告了婚姻挤压对未流动的农村女性实施婚姻暴力类型影响的回归结果。

宏观县区层面的男孩偏好文化对未流动的农村女性实施婚姻暴力的类型没有显著影响，但结构性婚姻挤压对其实施婚姻暴力的类型具有显著影响。县区层面的同年龄组性别比和区域类型对其实施婚姻暴力类型具有显著的影响作用，表现为：同年龄组性别比越低地区的女性越容易实施肢体暴力，但对只实施冷暴力的可能性没有显著影响；与东部地区女性相比，中部地区女性只实施冷暴力的可能性更低。

微观层面丈夫经历成婚困难增加未流动的农村女性实施肢体暴力和冷暴力的可能性。

控制变量中,个人因素中受教育程度为高中及以上时,会降低未流动的农村女性实施肢体暴力的可能性。家庭因素中,夫妻间收入的差异对未流动的农村女性实施冷暴力具有显著的影响,即与夫妻收入相同的女性相比,收入低于丈夫的女性或收入高于丈夫的女性实施冷暴力的可能性均更高。

表6-9 婚姻挤压对未流动的农村女性实施婚姻暴力类型影响的 Multi-Logistic 随机截距模型分析

变量	实施肢体暴力/不实施暴力 系数	标准误	不实施肢体暴力,只实施冷暴力/不实施暴力 系数	标准误
固定效应				
截距	-1.162	4.071	0.645	2.967
宏观层面				
县区出生性别比	0.022	0.022	-0.007	0.016
县区同年龄组性别比	-0.043*	0.022	-0.019	0.015
县区区域类型(东部)				
中部	-0.156	0.587	-0.921*	0.417
西部	-0.530	0.616	-0.629	0.419
微观层面				
丈夫成婚困难经历(无)				
有	0.825*	0.382	0.566+	0.300
个人特征				
受教育程度(小学及以下)				
初中	-0.395	0.442	-0.237	0.329
高中及以上	-1.168+	0.705	-0.621	0.507
出生队列				
1980年及以后出生	0.462	0.450	0.148	0.342
个人收入对数	0.050	0.084	0.040	0.063
婚姻家庭特征				

续表

变量	实施肢体暴力/不实施暴力		不实施肢体暴力,只实施冷暴力/不实施暴力	
	系数	标准误	系数	标准误
夫妻相对受教育程度（相同）				
丈夫高	-0.231	0.417	-0.090	0.316
妻子高	0.727	0.665	-0.027	0.540
夫妻相对收入（相同）				
丈夫高	0.004	0.500	0.759*	0.383
妻子高	-0.076	0.719	0.910+	0.542
夫妻年龄差（0≤丈夫减妻子年龄≤2）				
3+	-0.078	0.386	0.195	0.306
<0	-0.830	0.567	0.353	0.375
通婚圈（县内）				
本市他县	-0.680	0.615	0.031	0.428
跨市	0.095	0.629	0.609	0.478
家庭收入对数	0.225	0.225	0.131	0.169
随机效应				
截距	1.376		0.299	
卡方值	126.861+		109.511	
Log likelihood	-635.204			

注：*** $p<0.001$；** $p<0.01$；* $p<0.05$；+ $p<0.1$。
资料来源：百村个人调查数据。

(三) 流动的农村女性实施婚姻暴力类型的影响

表 6-10 报告了婚姻挤压对流动的农村女性实施婚姻暴力类型影响的回归结果。结果发现其具有以下几个方面的特征。

宏观县区层面的男孩偏好文化和结构性婚姻挤压对目前流动到城市生活的农村女性实施婚姻暴力的类型均没有显著影响。

微观层面丈夫成婚困难的经历对流动的农村女性实施婚姻暴力的类型也没有显著影响。男孩生育偏好强的流动的农村女性在解决夫妻冲突时实施肢体暴力和实施冷暴力的可能性均更高。流动因素中，有流动经历的农村女性实施肢体暴力的可能性更低。

控制变量中，个人职业阶层在个体工商户及以上的流动的农村女性实施肢体暴力和实施冷暴力的可能性更高；担忧失业的流动的农村女性更倾向只实施冷暴力。家庭因素中，夫妻间受教育程度的差距对流动的农村女性实施肢体暴力和实施冷暴力均具有显著影响，即与夫妻受教育程度相同的流动农村女性相比，受教育程度低于丈夫的流动农村女性实施肢体暴力和实施冷暴力的可能性更低；婚姻满意度对流动农村女性实施肢体暴力和实施冷暴力均具有显著影响，表现为婚姻满意度越高的流动农村女性实施肢体暴力和实施冷暴力的可能性均越低。

表 6-10 婚姻挤压对流动的农村女性实施婚姻暴力类型影响的 Multi-Logistic 回归分析结果

变量	实施肢体暴力/不实施暴力 系数	标准误	不实施肢体暴力，只实施冷暴力/不实施暴力 系数	标准误
宏观层面				
县区出生性别比	-0.010	0.014	-0.012	0.009
县区同年龄组性别比	0.007	0.033	-0.027	0.020
县区区域类型（东部）				
中部	0.216	0.530	-0.172	0.344
西部	0.128	0.846	-0.435	0.542
微观层面				
丈夫经历成婚困难	-0.515	0.653	-0.417	0.418
流动特征				
仅妻子流动	-0.479	0.729	-0.465	0.481
在 X 市生活时间	-0.017	0.054	0.016	0.034
有流动经历	-1.149*	0.583	0.176	0.319
生育性别偏好（无男孩偏好）				
弱男孩偏好	-0.023	0.501	0.236	0.314
强男孩偏好	2.179*	1.057	1.620+	0.851
个人特征				

续表

变量	实施肢体暴力/不实施暴力 系数	标准误	不实施肢体暴力,只实施冷暴力/不实施暴力 系数	标准误
受教育程度（小学及以下）				
初中	1.689	1.117	-0.041	0.454
高中及以上	1.808	1.260	0.172	0.583
1980年及以后出生	0.713	0.539	0.433	0.347
个体工商户及以上	0.983+	0.565	0.825*	0.363
经济压力大	-0.364	0.491	0.021	0.308
担忧失业	0.074	0.471	0.543+	0.309
婚姻家庭特征				
夫妻相对受教育程度（相同）				
丈夫高	-1.009+	0.529	-0.754*	0.322
妻子高	-0.983	0.882	-0.310	0.505
夫妻相对收入（相同）				
丈夫高	-0.142	0.666	0.485	0.474
妻子高	-0.862	0.988	0.195	0.632
夫妻年龄差（0≤丈夫减妻子年龄≤2）				
3+	-1.171*	0.534	-0.492	0.333
<0	-1.535	1.138	-0.705	0.551
通婚圈（县内）				
本市他县	0.888	0.739	0.245	0.499
跨市	0.794	0.564	0.424	0.357
婚姻满意度	-0.313***	0.097	-0.236***	0.065
家庭收入对数	0.240	0.402	-0.014	0.264
-2LL	\multicolumn{4}{c}{459.508*}
Nagelkerke R²	\multicolumn{4}{c}{0.260}

注：*** $p<0.001$；** $p<0.01$；* $p<0.05$；+ $p<0.1$。

资料来源：X市外来农村流动人口调查数据。

五 小结

本章以第三章城乡流动背景下婚姻挤压对农村人口婚姻暴力影响的分析框架为理论分析基础,主要探索了城乡流动背景下婚姻挤压对中国农村女性实施婚姻暴力的影响。首先分析了中国农村女性实施婚姻暴力的总体特征和结构性差异;其次比较分析了不同的夫妻流动模式对农村女性实施婚姻暴力可能性的影响以及婚姻挤压对未流动的农村女性和流动的农村女性实施婚姻暴力可能性的影响;最后比较分析了不同的夫妻流动模式对农村女性实施婚姻暴力类型的影响以及婚姻挤压对未流动的农村女性和流动的农村女性实施婚姻暴力类型的影响。结果发现其具有以下几个方面的特征。

第一,大多数的农村女性是通过讲道理来和平解决婚姻冲突的,无论是未流动的农村女性还是目前正在流动的农村女性,实施暴力的类型均以冷暴力为主;流动降低了农村女性采用婚姻暴力解决婚姻冲突的比例。这一结果在一定程度上表明流动使得农村女性远离了父权文化占主导的乡土文化场域,其行为方式会更多受到城市场域中文化规范的影响,她们通过观察学习城市场域中城市夫妻间处理婚姻冲突的方式,从而降低使用暴力解决婚姻冲突的比例,并减少使用肢体暴力这一激烈且容易让夫妻矛盾升级的方式处理婚姻冲突。

第二,宏观层面的男孩偏好文化对目前生活在乡土社会的农村女性和生活在城市的农村女性实施婚姻暴力的行为均没有显著影响。中国传统父权文化中的"三从四德""贤妻良母""女子无才便是德""夫为妻纲"对女性一生的道德、行为、修养进行严格的规范要求,倡导"男尊女卑",宣扬女性对男性的服从和顺从。在研究女性施暴的过程中,已有学者指出,因为社会文化没有赋予女性担任"家中经济支柱"的重任,也没有赋予女性通过暴力来实现"女权专制"的合法性,所以她们没有使用暴力来获取资源和权力的必要性[95]。国内在对一般家庭的研究也发现,即使妻子所掌握的资源明显高于或低于丈夫,都不会增加其实施婚姻暴力的可能性[67,92,97]。

第三,结构性婚姻挤压因素仅对目前生活在传统乡土社会的农村女性的施暴行为具有显著影响。表现为在同年龄组性别比越严重的地区,女性实施肢体暴力的比例越低；与东部地区女性相比，中部地区女性只实施冷暴力的可能性更低。

第四，微观层面丈夫成婚困难的经历仅对目前生活在乡土社会的农村女性实施婚姻暴力的行为具有显著影响，表现为丈夫经历成婚困难的女性实施肢体暴力和冷暴力的可能性均更高。但对流动到城市生活的农村女性而言，丈夫成婚困难的经历对其实施婚姻暴力没有显著影响。

第五，微观个体层面的生育性别偏好会显著增加农村女性实施婚姻暴力的可能性。对目前生活在乡土社会的农村女性而言，男孩偏好强的女性在解决夫妻冲突时更倾向于实施肢体暴力；对目前生活在城市的农村女性而言，男孩偏好强的女性在解决夫妻冲突时实施肢体暴力和冷暴力的可能性均更高。

第六，"丈夫外出，妻子留守"的家庭外出打工模式对农村女性实施婚姻暴力具有显著的刺激作用。当流动到城市的农村女性的职业阶层在个体工商户及以上时，其在面对婚姻冲突时，实施肢体暴力和实施冷暴力的可能性均更高。这在一定程度上表明女性从乡村走向城市、从家庭走向社会后，伴随着经济的独立，她们的自尊意识和平等意识迅速增强，相对于传统的农村女性，她们更加敢于与传统的男性权威相抗衡。

总的来说，本章研究发现宏观层面和微观层面的婚姻挤压对中国农村女性实施婚姻暴力具有差异性的影响，流动削弱了婚姻挤压对农村女性实施婚姻暴力的影响作用。具体地说，宏观层面的婚姻挤压因素仅对未流动农村女性实施婚姻暴力具有显著的抑制作用，微观层面的婚姻挤压因素也仅对未流动的农村女性实施婚姻暴力具有显著的刺激作用；宏观层面和微观层面的婚姻挤压因素对流动的农村女性实施婚姻暴力均没有显著影响。

第七章
结论与展望

一 主要结论

本书在相关经典理论的基础上整合并建构了适用于中国社会转型期城乡人口流动和婚姻挤压特殊情景下的农村婚姻暴力影响机制的分析框架，丰富了农村婚姻暴力及其影响的宏观和微观层次的测量指标。在此框架的指导下，定量探索了当代中国农村家庭发生婚姻暴力的特征，揭示了男孩偏好文化、婚姻挤压结构性特征、人口迁移流动特征，以及个人和家庭特征对中国农村婚姻暴力的影响。下面对本研究的主要研究结论总结为以下几个方面。

第一，建立了适用于分析当代中国城乡流动和婚姻挤压情境下农村婚姻暴力的分析框架。本书通过对西方经典婚姻暴力理论的深入解读和国内外相关研究的总结分析，并基于社会文化视角和社会结构视角提出了一般情境下解释婚姻暴力发生的概念框架。在此概念框架基础上，引入流动视角，增加"男孩偏好文化"、"个体生育性别偏好"、"结构性婚姻挤压"、"男性遭遇成婚困难"和"流动特征"这五个能反映当代中国农村社会经济和文化制度的特色情境要素，形成适合解释中国婚姻挤压和城乡流动情境下中国农村婚姻暴力发生的概念框架。通过对这五个要素进行本土化测量，进一步形成了城乡流动背景下婚姻挤压对中国农村婚姻暴力影响的分析框架。

第二，从家庭和个体两个层面定量探索了当代中国农村家庭发生婚姻暴力的特征。(1)大多数的农村人口是通过讲道理来和平解决婚姻冲突的；无论是农村男性，还是农村女性，他/她们实施婚姻暴力的类型均以冷暴力为主；流动降低了农村人口实施婚姻暴力的比例，尤其是实施肢体暴力解决婚姻冲突的比例。这一方面，可能是由于伴随中国城镇化进程的加快，农村人口的夫妻相处模式和观念更加的现代化，可以更加理性地解决婚姻冲突，不再会采用肢体暴力这种容易激发矛盾升级的方式来解决婚姻冲突。另一方面也可能是由于伴随近几年政府和社会各界对反家庭暴力的宣传，明目张胆的肢体暴力会受到周围群众的指责，使得农村男性和农村女性均更加倾向于实施冷暴力这种隐蔽的暴力方式来解决婚姻冲突。(2) 大多数的农村家庭在解决婚姻冲突时会发生婚姻暴力，且以夫妻相互施暴为主；流动降低了家庭发生夫妻相互施暴的比例，但增加了丈夫或妻子单方施暴的比例，由此可见婚姻暴力的受害者不仅仅是女性，也包括男性。这一发展趋势在一定程度上表明当代城乡流动和婚姻挤压对中国农村婚姻家庭影响的两面性和复杂性。一方面，婚姻市场中"男多女少"引发的结构性婚姻挤压产生的压力使得生活在这一场域氛围下的农村夫妻容易发生冲突和矛盾，而城乡流动使得农村人口/家庭离开这一压力氛围，并且流动使得多数农村家庭中的夫妻离开了传统父权文化盛行的乡土文化场域，通过在倡导"男女两性平等"以及"夫妻和谐相处"的城市场域的社会化学习，传统"男高女低"的社会性别意识开始弱化，可能会削弱结构性婚姻挤压产生的压力源对农村家庭中发生婚姻暴力的影响。另一方面，对农村夫妻而言，或是夫妻一方流动，或是夫妻双双流动，伴随不同的流动模式，农村家庭内部的经济权力结构格局均会发生或大或小的改变，从而打破夫妻间的家庭地位的平衡，甚至会出现妻子占据家庭主导地位的"逆袭"或妻子对丈夫的经济依赖程度更加严重的极端情形，容易刺激家庭中的婚姻暴力呈现丈夫单方施暴和妻子单方施暴比例均上升的态势。
(3) 夫妻流动模式为"丈夫外出，妻子留守"的家庭中，男性更容易实施肢体暴力，女性实施肢体暴力和实施冷暴力的比例均更高；"夫妻共同流动"的家庭发生丈夫单方施暴和妻子单方施暴的比例更高；"仅丈夫流动"的家庭发生夫妻相互施暴和妻子单方施暴的比例更高；"仅妻子流动"的家庭发生夫妻相互施暴和丈夫单方施暴的比例更高。这一复杂的且与我们常识不一致的发现值得我们关注和深思，然而受本次调查所收集农村人口和农村家庭相关流动信息量限制的影响，在本研究中我们无法给出准确的解释，有待于在后续研究中进行专门的实证研究。

第三，发现了在当代中国转型期这一特殊情境下，宏观县区层面的社会文化规范和结构性婚姻挤压因素以及微观家庭层面丈夫成婚困难的经历因素对未流动的农村家庭和流动的农村家庭中发生婚姻暴力可能性和婚姻暴力类型的影响模式。首先，本研究发现宏观层面和微观层面的婚姻挤压对中国农村家庭中婚姻暴力的发生具有差异性的影响，流动会扩大婚姻挤压对农村家庭中婚姻暴力的影响作用。具体地说，宏观层面的婚姻挤压因素对农村家庭中的婚姻暴力具有显著的抑制作用，流动进一步扩大了宏观层面婚姻挤压因素的抑制作用；微观层面的婚姻挤压因素对农村家庭中的婚姻暴力具有显著的刺激作用，流动进一步扩大了微观层面婚姻挤压因素的刺激作用。其次，发现宏观层面的社会文化规范和制度对农村家庭中发生婚姻暴力的可能性和类型均没有显著影响。其中，宏观结构性婚姻挤压引发的丈夫成婚困难的经历对农村家庭中夫妻间婚姻暴力行为的显著刺激影响值得我们关注和重视。受中国传统"男高女低"婚配模式的影响，经历成婚困难的弱势男性构建的家庭也是中国人口社会转型期的弱势家庭，尤其是城乡流动使得这一社会和经济资源较为匮乏的家庭在迁移后的城市适应阶段容易面临和遭受更多和更严重的压力挑战，容易引发这类弱势家庭中婚姻暴力的发生。婚姻暴力的高发生率会严重刺激家庭解体风险系数增大，对社会稳定构成潜在威胁。伴随1980年后出生的"过剩"男性人口逐渐进入婚姻市场，婚姻市场中遭受到婚姻挤压的男性弱势群体日益增多，越来越多的农村男性会面临婚配困难而不能顺利成婚，这类弱势家庭的脆弱性势必会成为严重的社会问题，需要政府和社会各界给予重视。

第四，发现了宏观县区层面的社会文化规范和结构性婚姻挤压因素以及微观个体层面成婚困难的经历和生育性别偏好因素对未流动的农村男性和流动的农村男性实施婚姻暴力可能性和实施婚姻暴力类型的影响。首先，本研究发现宏观层面和微观层面的婚姻挤压对中国农村男性实施婚姻暴力的发生具有差异性的影响，流动削弱了婚姻挤压对农村男性实施婚姻暴力的影响作用。具体地说，宏观层面的婚姻挤压因素对农村男性实施婚姻暴力具有显著的抑制作用，流动削弱了宏观层面婚姻挤压因素的抑制作用；微观层面的婚姻挤压因素——成婚困难经历对农村男性实施婚姻暴力具有显著的刺激作用，流动削弱了微观层面婚姻挤压因素的刺激作用。其次，城乡流动使得宏观层面的社会文化规范对农村男性实施婚姻暴力的影响呈现出明显的"安泰"效应，即男孩偏好仅对生活在乡土社会的农村男性实施婚姻暴力具有显著的刺激影响，而对目前生活在城市的农村男性实施婚姻暴力的行为没有显著影响；相比之下，微观个体层面的生育性别偏好会显著增加农村男性实施婚姻暴力的可能性，流动改变了生育性别偏好对农村男性实施婚姻暴力类型的影响。这一发现在一定程度上可以预测未来出生性别比的持续偏高引发的男性婚姻挤压现象的日益严重，处于社会底层的农村女性的家庭生存环境不会得以改善，而将会呈现恶化的态势。

第五，发现了宏观县区层面的社会文化规范和结构性婚姻挤压因素以及微观个体层面成婚困难的经历和生育性别偏好因素对未流动的农村女性和流动的农村女性实施婚姻暴力可能性和实施婚姻暴力类型的影响。首先，本研究发现宏观层面和微观层面的婚姻挤压对中国农村女性实施婚姻暴力具有差异性的影响，流动削弱了婚姻挤压对农村女性实施婚姻暴力的影响作用。具体地说，宏观层面和微观层面的婚姻挤压因素仅分别对未流动农村女性实施婚姻暴力具有显著的抑制和刺激作用；而宏观层面和微观层面的婚姻挤压因素对流动的农村女性实施婚姻暴力均没有显著影响。其次，宏观层面的男孩偏好文化对目前生活在乡土社会的农村女性和生活在城市的农村女性实施婚姻暴力的行为均没有显著影响。而微观个体层面的生育性别偏好会显著增加农村女性实施婚姻暴力的可能性，即对目前生活在乡土社会的农村女性而言，男孩偏好强的女性在解决夫妻冲突时更倾向于实施肢体暴力；对目前生活在城市的农村女性而言，男孩偏好强的女性在解决夫妻冲突时实施肢体暴力和冷暴力的可能性均更高。

除了上述发现，本研究还发现以下几点。第一，城乡流动背景下夫妻相对资源因素对中国农村婚姻暴力的影响存在差异，表现为夫妻间资源的差异仅对夫妻双双生活在乡土社会的农村家庭的婚姻暴力具有显著的刺激作用，而对流动的农村家庭中夫妻间的婚姻暴力没有显著影响。这一发现在一定程度上再次表明，流动使得农村人口的社会性别文化和规范意识受到现代工业文化倡导的性别平等的影响，其会更加认同男女平等的两性关系，也可以更加文明和理性地处理两性关系的冲突。第二，通婚圈的扩大会刺激农村家庭中发生婚姻暴力的可能性，主要表现为跨市通婚会刺激农村家庭中发生"妻子单方施暴"的可能性；对目前依然生活在乡土社会的农村家庭而言，跨市通婚还会显著增加丈夫单方施暴的可能性。中国当前城乡流动规模日益扩大和婚姻挤压程度日益严重的情境均会引发农村人口通婚圈扩大的趋势，这一研究发现进一步反映了城乡流动和婚姻挤压对农村婚姻暴力影响的可能途径之一。第三，丈夫受教育程度高的家庭中发生婚姻暴力的可能性较低；年轻的夫妻更容易采用婚姻暴力来解决婚姻冲突；担忧失业、收入低等压力源对生活在城市的农村人口实施婚姻暴力具有显著的刺激作用。

总之，本研究表明当代中国农村的婚姻暴力呈现以夫妻相互施暴为主的特征，暴力形式以冷暴力这种精神暴力为主。低生育率水平下出生性别比偏高引发的男性婚姻挤压和大规模的城乡流动将使得中国农村的婚姻暴力状况呈现更加多样和复杂的发展态势。一方面，婚姻挤压虽然会降低整个农村家庭中发生婚姻暴力的可能性，但会增加弱势农村家庭中发生婚姻暴力的可能性，恶化社会底层农村女性的人身安全环境。需要注意的是，婚姻挤压很可能会影响中国农村男性实施婚姻暴力的类型，比如目前已有很多媒体报道的有些位于较低社会地位的农村男性在穷尽一切可能的资源采用"买婚"手段构建家庭后为了控制妻子，虽不会对妻子实施肢体暴力，但会采用限制人身自由、经济控制等暴力方式。另一方面，城乡流动使得部分农村家庭出现妻子占据家庭主导地位的"逆袭"或妻子对丈夫的经济依赖程度更加严重的极端情形，使得农村家庭中的婚姻暴力呈现"丈夫单方施暴"和"妻子单方施暴"均上升的态势；流动使得遭受婚姻挤压的弱势农村家庭面临更多的压力和困难，进一步增加其家庭中发生婚姻暴力的可能性，威胁这类家庭中女性的人身安全；流动对农村人口实施婚姻暴力的方式也具有显著影响，主要表现为降低其实施肢体暴力的行为。婚姻挤压和城乡流动给农村人口和农村家庭带来的各种压力和挑战，是影响当前中国农村婚姻暴力发生的重要影响因素。

二　主要贡献

通过本书的理论分析和实证研究工作，本研究在以下四个方面取得突破。

第一，提出适用于中国城乡流动和性别失衡背景下婚姻挤压对农村人口婚姻暴力影响的分析框架。对西方已有经典婚姻暴力理论的深入总结与解读，从社会文化和社会结构视角提出一般情境下解释婚姻暴力发生的多层次概念框架；在此基础上，引入流动视角，纳入男孩偏好文化、结构性婚姻挤压、生育性别偏好、男性成婚困难经历、流动特征五个反映中国特殊社会情境的要素，构建适合于中国城乡流动和婚姻挤压情境下农村婚姻暴力研究的分析框架。该框架的提出有利于丰富婚姻家庭理论及其在中国的应用，填补了城乡流动背景下男性婚姻挤压对中国农村婚姻暴力影响的研究空白，为全面理解中国农村婚姻挤压的社会后果提供了新的研究思路，具有鲜明的前沿性。

第二，发现婚姻挤压对农村家庭婚姻暴力的发生具有刺激与抑制的双重影响，流动加大了婚姻挤压对农村家庭婚姻暴力的影响。研究结果发现，宏观层面的男孩偏好文化和结构性婚姻挤压因素对生活在乡土社会的农村夫妻间的婚姻暴力行为没有显著影响，但结构性婚姻挤压因素中的同年龄组性别比对流动的农村家庭中发生夫妻相互施暴具有显著的抑制作用；微观家庭层面的丈夫成婚困难的经历会显著增加农村家庭发生夫妻相互施暴的行为，且丈夫成婚困难的经历还会显著增加流动的农村家庭中发生丈夫单方施暴的行为。已有对婚姻挤压引发的婚姻家庭问题研究主要集中于未婚男性的初婚风险，较少关注曾经遭遇成婚困难的已婚男性的夫妻关系和婚姻质量，研究发现有利于进一步认识男性婚姻挤压对夫妻关系和婚姻稳定性的影响。

第三，发现婚姻挤压对农村男性实施婚姻暴力具有刺激与抑制的双重影响，流动削弱了社会文化规范和结构性婚姻挤压对男性婚姻暴力行为的影响程度。结果表明宏观层面的男孩偏好文化和结构性婚姻挤压因素对未流动的农村男性实施肢体暴力分别表现显著的刺激与抑制作用，流动削弱了家乡所在社会文化规范和结构性婚姻挤压因素对生活在城市的男性婚姻暴力行为的影响；微观个体层面的成婚困难经历和生育性别偏好对生活在乡村与城市社会的农村男性实施婚姻暴力均具有显著的刺激作用。研究发现为解答女性缺失能否提高妇女地位的学术争论提供了依据，揭示了女性在婚姻市场中的稀缺性并未带来"男尊女卑"社会性别关系的逆转，而是进一步损害女性权益和人身安全。

第四，发现婚姻挤压对生活在乡土社会农村女性的婚姻暴力行为具有显著的影响，而外出务工发生的流动带来的空间距离的增加和现代城市文明的冲击消除了婚姻挤压对其婚姻暴力行为的影响。结果表明宏观层面的男孩偏好文化对农村女性实施婚姻暴力行为没有显著影响；宏观层面的结构性婚姻挤压因素会抑制未流动农村女性实施肢体暴力的行为，但对增加或降低流动的农村女性实施婚姻暴力的行为均没有显著影响；微观个体层面的丈夫成婚困难的经历和生育性别偏好对其实施肢体暴力和冷暴力均具有显著的刺激作用。目前研究主要从男性的角度关注婚姻挤压带来的微观后果，缺乏从女性角度的分析，本研究通过关注男性婚姻挤压对农村女性实施婚姻暴力的影响，有利于从男女两性的视角全面认识婚姻挤压带来的微观后果。

三 政策建议

本研究发现在一定程度上预示了未来10年、20年或者更长时间后由1980年后出生性别比偏高引发的结构性和非结构性婚姻挤压大面积爆发而可能衍生的婚姻家庭问题；同期开始的城乡人口迁移使得大量农村夫妻分居两地，农村人口的婚姻质量、留守妇女的人身安全保障面临更大考验。如何有效防治婚姻暴力的发生是中国婚姻家庭在目前人口社会转型期面临的新挑战，急需政府和社会公众给予高度关注，在公共政策层面做到未雨绸缪。基于上述的实证研究发现，本研究提出的政策建议有如下几点。

（一）深入贯彻反家庭暴力法，为预防和制止婚姻暴力提供坚实的制度保障。

针对家庭暴力的现象，经过学者、民众和政府的多方努力，我国于2016年3月1日起实施《中华人民共和国反家庭暴力法》。作为我国第一部针对家庭暴力、保护家暴受害者的法律，《中华人民共和国反家庭暴力法》的出台被业界普遍认为具有里程碑意义，也标志着中国防治家庭暴力体系的形成。该法律最具特色的即是"人身安全保护令"制度：如果当事人遭受家庭暴力或面临家庭暴力危险，可以向法院申请"人身安全保护令"。保护令内容有禁止被申请人实施家庭暴力、责令被申请人迁出申请人住所等措施、禁止骚扰、禁止跟踪、禁止接触等。法律还有其他措施在预防和制止家庭暴力发生，如强制报告制度和紧急庇护制度等，对及时保护受害人人身安全等方面有着重要作用。

在《中华人民共和国反家庭暴力法》实施的这3年多的时间里，各地政府法院积极宣传和推广反家暴法，取得了良好的工作成效。在预防和制止家暴行为、有效强化对施暴者的处置和保护妇女合法权益等方面，《中华人民共和国反家庭暴力法》发挥了重要作用。

(二) 积极开展公共教育，为预防和消除婚姻暴力创造有力的社会规范约束。

一方面，在农村地区开展反婚姻暴力宣传教育，唤醒社会公众对婚姻暴力的正确认识，改变父权文化下社会公众对婚姻暴力的认可和容忍态度，树立"夫妻和睦"的新型家庭观。另一方面，提高社会公众的性别平等意识，鼓励农村女性树立"自尊、自信、自立、自强"的精神，改善其在家庭中依附男性的被动状况。此外，鼓励农村女性勇于打破传统观念的束缚，冲破"家丑不可外扬"此种观念对其的桎梏，在受到婚姻暴力时，要及时向亲朋好友以及社会寻求帮助，不妥协，不忍让，从而使婚姻暴力行为得到遏止。

(三) 降低出生人口性别比，缓解婚姻市场中男女供需失衡的高压环境。

当前及未来几十年出现的婚姻挤压主要是由出生性别比失调造成的，婚姻暴力也是性别比失衡的一个后果。加强出生人口性别的治理，从源头上维护男女的性别比例平衡，有利于调整婚姻市场中男女数量的失调，缓解可婚配男性数量供需不平衡的问题，并进一步达到缓解农村人口婚姻暴力的积极效果。

第一，充分发挥大众传媒的正确舆论导向作用，大力开展性别平等教育，积极推广性别平等的理念，构建平等的生育文化和性别文化氛围。利用报纸、期刊、电视等传统媒体以及网络、微博、微信等新型传播工具，多渠道大力宣传男女平等的理念，努力打破"男高女低""男尊女卑"的传统性别理念，努力消除社会文化中的性别歧视和偏见，让男女平等的两性关系成为社会公众普遍认同的观念。在宣传形式与内容上，使用视频、音乐、宣传片等多元化方式，营造良好的社会舆论氛围。同时还需以文化产业为契机，争取在各种文化产业的构建中纳入性别平等理念，积极传导性别公正的理念。

第二，构建出生人口性别比治理绩效考核机制。建议各级人口计生部门应从基层的工作实践出发，加强治理绩效的考核。应与目前正在实行的全程优质服务、住院免费分娩等服务制度相结合，在乡镇和村一级更多地考核流动人口计划外生育、人口统计及时更新等情况；积极推广出生人口性别比治理的绩效考核经验，并通过与高校、科研院所、国际计划等开展合作来引进先进的绩效考核机制，将其运用到出生人口性别比的治理中，并注重树立政府在出生人口性别治理考核中的良好形象和信任机制。

（四）对丈夫受教育水平低、经济状况差的弱势家庭应给予充足的人文关怀。

遭遇娶妻难的男性多具有经济条件差和受教育程度低的特征，他们是威胁女性人身安全的施暴者，也是中国人口社会转型期的弱势群体。为避免此类弱势家庭婚姻暴力的出现，倡导妇联、村委会和非政府组织充分发挥民众力量给予其更多的关注与关怀。

第一，村委会或相关部门要定期走访此类弱势家庭并与其交流，及时了解和化解其家庭中的夫妻冲突和矛盾，防止冲突升级为暴力。与此类弱势家庭的亲友邻居建立有效的沟通机制，侧面了解此类弱势家庭中存在的问题，并及时解决。

第二，制定优惠政策来提高这些弱势家庭的收入，拓宽就业渠道以及提供就业技能培训来提高这些弱势家庭谋生的能力，从而改善其经济状况，缓解家庭压力，以降低其婚后因家庭经济压力而引发的婚姻暴力行为。

第三，提供心理干预和心理辅导，对施暴者进行心理干预和行为矫正。将心理辅导逐步引入农村家庭，对施暴者尤其是具有病态心理的施暴高危人群进行心理干预，缓解施暴者的负面情绪，引导他们正确对待婚姻和两性之间的问题；鼓励他们与外界多接触，帮助他们寻求积极的社会支持，用成熟的方式面对和处理人际冲突；同时指导他们以积极乐观的心态应对生活，激发他们的潜能，协助他们改良从前的行为模式，以有效阻止施暴行为的发生。

（五）鼓励农村女性经济独立，提高农村女性的家庭经济贡献，促进两性家庭地位平等。

本研究发现，农村女性的经济独立以及农村女性对家庭的经济贡献程度的增加，会促进两性家庭地位的平等以及避免婚姻暴力现象的出现。

第一，要从根本上改变"男主外，女主内"的传统社会性别分工，大力宣传男女平等、共同发展的思想，提倡两性对于家庭的责任与权力的均衡。政府、村委会以及相关组织要积极鼓励农村女性经济独立，培养农村女性各方面的自主性，发掘农村女性自身的潜质。

第二，为农村女性提供形式多样的绿色就业通道，为农村女性创造多种非农就业机会，解除农村女性就业难的后顾之忧。一方面，为搞养殖、搞果园种植等自主创业的农村女性提供更多的优惠政策，在税费的减免上、小额的担保贷款上提供相应的优惠。另一方面，为农村女性提供多样的技能培训和创业扶持渠道以增强其就业能力，改善其就业层次，搭建专门的就业平台，制定相应的就业计划，为农村女性的非农就业和再就业提供政策服务。比如鼓励企业接纳农村女性，并对此类企业提供政策优惠，从而为农村女性提供更多的就业机会。此外，根据农村女性的特点，为外出务工的农村女性提供相应的政策保障，消除各种就业性别歧视，以保障农村女性在城市的平等就业。

四 研究展望

本研究具有较强的前瞻性和探索性，两次抽样调查样本中大多数经历成婚困难的男性样本的年龄在 30 岁以上，他们所遭受的婚姻挤压确实不是 1980 年之后出生性别比偏高导致的性别失衡的人口后果。性别失衡所导致的婚姻挤压与以往时期的婚姻挤压的表现均是男性失婚，在本质上并没有区别，只是性别失衡后男性成婚的难度、涉及的人口规模和地域范围会更大。因此，本研究分析发现在很大程度上能够反映未来 10 年、20 年后由 1980 年后出生性别比偏高导致的性别失衡和婚姻挤压引发的男性"娶妻难"问题大面积爆发而可能衍生的婚姻家庭问题；同期开始的城乡人口迁移使得大量农村夫妻分居两地，农村人口的婚姻质量、留守妇女的人身安全保障面临更大考验。

本研究存在一些局限性,这也为未来的研究提供了线索和依据,具体表现为以下几点。

第一,中国地域辽阔,人口、社会特征与经济发展水平的地域差别非常大,本研究选取的调查地及受调查样本虽然可以基本上代表当代中国性别失衡和男性婚姻挤压的基本状况和形成机理,但可能依然不可避免地遗漏一些典型地区和典型人群,这需要在后续研究中加大调查研究的范围和对象。由于配额抽样的限制,本研究所用数据可能存在一定的抽样偏差,如百村调查对中部地区的选样偏重在山西省,而对西部地区的选样偏重在陕西省等。

第二,由于调查不是针对婚姻暴力的专项调查,缺乏有关婚姻暴力的详细测量数据,使得本研究对婚姻暴力的测量比较简单,未对婚姻暴力发生频率进行测量,对冷暴力的测量也有些粗糙。

第三,由于本研究属于前瞻性的探索研究,性别失衡的社会人口后果可能刚刚显现——如1980年出生性别比持续偏高以来出生的农村人口进入婚姻市场的时间不长,性别失衡引发的男性婚姻挤压对婚姻暴力的影响还不太明显和稳定。因此,本研究结果和发现可能只是代表性别失衡这一重要社会人口问题的初期影响和后果,其影响范围和程度可能还比较小,内部机理也许还不够稳定,需要在后续研究中持续关注。

参考文献

[1] 于潇、祝颖润、梅丽:《中国男性婚姻挤压趋势研究》,《中国人口科学》2018年第2期,第78~88页。

[2] 果臻、李树茁、Marcus W. Feldman:《中国男性婚姻挤压模式研究》,《中国人口科学》2016年第3期,第69~80页。

[3] 李树茁、姜全保、伊莎贝尔·阿塔尼、费尔德曼:《中国的男孩偏好和婚姻挤压——初婚与再婚市场的综合分析》,《人口与经济》2006年第4期,第1~8页。

[4] 靳小怡、郭秋菊、刘利鸽、李树茁:《中国的性别失衡与公共安全》,《青年研究》2010年第5期,第21~30页。

[5] Davin D, "Marriage Migration in China and East Asia," *Journal of Contemporary China* 50 (2007): 83-95.

[6] 陈友华:《中国和欧盟婚姻市场透视》,南京大学出版社,2004。

[7] 西安交通大学人口与发展研究所:《安徽省X县农村人口调查报告》,2008。

[8] Spanier GB, Glick PC, "Mate Selection Differentials Between Whites and Blacks in the United States," *Social Forces* 3 (1980): 707-725.

[9] Davis K, Van den Oever P, "Demographic Foundations of New Sex Roles," *Population and Development Review* 3 (1982): 495-511.

[10] 田心源:《早婚复燃隐因窥探》,《中国人口科学》1991年第5期,第32~38页。

[11] 郭志刚、邓国胜:《年龄结构波动对婚姻市场的影响》,《中国人口科学》1998年第2期,第1~8页。

[12] 周丽娜:《婚姻性别比失调的男性选择》,《中国社会导刊》2008年第3期,第40~42页。

[13] 石人炳:《性别比失调的社会后果及其特点——来自对台湾人口的观察》,《人口研究》2002年第2期,第57~60页。

[14] 靳小怡、彭希哲、李树茁、郭有德、杨绪松:《社会网络与社会融合对农村流动妇女初婚的影响——来自上海浦东的调查发现》,《人口与经济》2005年第5期,第53~58页。

[15] Jampaklay A, "How Does Leaving Home Affect Marital Timing? An Event-History Analysis of Migration and Marriage in Nang Rong, Thailand," *Demography* 4 (2006): 711-725.

[16] 张一兵、辛湲、邵志杰:《农村城市化中的夫妻关系》,《学术交流》2003年第1期,第111~114页。

[17] 全国妇联:《关于预防和制止家庭暴力的若干意见》(2002),http://www.hljnews.cn/by_shb/system/2007/08/13/010045625.shtml。

[18] 国家统计局农村司:《2009年农民工监测调查报告》(2010),http://www.stats.gov.cn/tjfx/fxbg/t20100319_402628281.htm。

[19] 周明宝:《城市滞留型青年农民工的文化适应与身份认同》,《社会》2004年第5期,第4~11页。

[20] 陈黎:《外来工社会排斥感探析——基于社会网络的视角》,《社会》2010年第4期,第163~178页。

[21] 胡荣、陈斯诗:《影响农民工精神健康的社会因素分析》,《社会》2012年第6期,第135~157页。

[22] 李卫东、李树茁、费尔德曼:《性别失衡背景下农民工心理失范的性别差异研究》,《社会》2013年第3期,第65~88页。

[23] 杨善华、沈崇麟:《城乡家庭:市场经济与非农化背景下的变迁》,浙江人民出版社,2000。

[24] 龚维斌:《农村劳动力外出就业与家庭关系变迁》,《社会学研究》1999年第1期,第88~91页。

[25] Tang CS-K, "Marital Power and Aggression in a Community Sample of Hong Kong Chinese Families," *Journal of Interpersonal Violence* 6 (1999):

586-602.

[26] Lau Y, "Does Pregnancy Provide Immunity From Intimate Partner Abuse Among Hong Kong Chinese Women?," *Social Science & Medicine* 2 (2005): 365-377.

[27] Guilmoto CZ, "Skewed Sex Ratios at Birth and Future Marriage Squeeze in China and India, 2005–2100," *Demography* 1 (2012): 77-100.

[28] 莎伦·布雷姆：《亲密关系》，人民邮电出版社，2010。

[29] Straus MA et al., "The Revised Conflict Tactics Scales (CTS2) Development and Preliminary Psychometric Data," *Journal of Family Issues* 3 (1996): 283-316.

[30] 李梅：《家庭和谐的隐形杀手——家庭"冷暴力"探析》，《东岳论丛》2009年第9期，第40~142页。

[31] GP M, *Social Structure* (New York: The Free Press, 1975).

[32] 潘允康：《家庭社会学》，重庆出版社，1986。

[33] 王跃生：《当代中国城乡家庭结构变动比较》，《社会》2006年第3期，118~136页。

[34] Muhsam H., "The Marriage Squeeze," *Demography* 2 (1974): 291-299.

[35] 李树茁、姜全保、刘慧君：《性别歧视的人口后果——基于公共政策视角的模拟分析》，《公共管理学报》2006年第2期，第90~99页。

[36] 刘利鸽：《婚姻挤压下中国农村男性在婚姻市场中的地位和策略研究》，2012。

[37] 张雷、雷雳、郭伯良：《多层线性模型应用》，教育科学出版社，2003。

[38] Cohen J, *Statistical Power Analysis for the Behavioral Sciencies* (New Jersey: Routledge, 1988).

[39] Millon TE, *The Millon Inventories: Clinical and Personality Assessment* (New York: Guilford Press, 1997).

[40] Saunders DG, "A Typology of Men Who Batter: Three Types Derived

from Cluster Analysis," *American Journal of Orthopsychiatry* 2 (1992): 264-275.

[41] Hamberger LK, Hastings JE, "Personality Correlates of Men Who Abuse Their Partners: A Cross-Validation Study," *Journal of Family Violence* 4 (1986): 323-341.

[42] Hastings JE, Hamberger LK, "Personality Characteristics of Spouse Abusers: A Controlled Comparison," *Violence and Victims* 1 (1988): 31-48.

[43] Hamberger LK, Hastings JE, "Counseling Male Spouse Abusers: Characteristics of Treatment Completers and Dropouts1," *Violence and Victims* 4 (1989): 275-286.

[44] Dutton DG, Starzomski AJ, "Psychological Differences Between Court-Referred and Self-Referred Wife Assaulters," *Criminal Justice and Behavior* 2 (1994): 203-222.

[45] Dutton DG, "Patriarchy and Wife Assault: The Ecological Fallacy," *Violence and Victims* 2 (1994): 167-182.

[46] Kernberg OF, "The Structural Diagnosis of Borderline Personality Organization," *Borderline Personality Disorders* 3 (1977): 87-121.

[47] Dutton DG, *The Docmestic Assault of Women: Psychological and Criminal Justice Perspectives* (Boston: UBC press, 1995).

[48] Hare RD, "Psychopathy a Clinical Construct Whose Time has Come," *Criminal Justice and Behavior* 1 (1996): 25-54.

[49] Hare RD, *Without Conscience: The Disturbing World of the Psychopaths Among Us* (New York: Guilford Press, 2011).

[50] Gottman JM et al., "The Relationship Between Heart Rate Reactivity, Emotionally Aggressive Behavior, and General Violence in Batterers," *Journal of Family Psychology* 3 (1995): 227-248.

[51] Edwards DW et al., "Impulsiveness, Impulsive Aggression, Personality Disorder, and Spousal Violence," *Violence and Victims* 1 (2003): 3-14.

[52] Zanarini MC et al. , "Sexual Relationship Difficulties Among Borderline Patients and Axis II Comparison Subjects," *The Journal of Nervous and Mental Disease* 7 (2003): 479-482.

[53] Gondolf EW, *Men Who Batter: An Integrated Approach for Stopping Wife Abuse* (Florida: Learning Publications, 1985).

[54] Stets JE, *Domestic Violence and Control* (New York: Springer-Verlag Publishing, 1988).

[55] Campbell A, *Men, Women and Aggression* (New York: Basic Books, 1994).

[56] Dobash RE, Dobash R, *Violence Against Wives: A Case Against the Patriarchy* (New York: Free Press New York, 1979).

[57] Sonkin DJ, Martin D, Walker LE, *The Male Batterer: A Treatment Approach* (New York: Springer Publishing Company, 1985).

[58] Rosenberg ML, Fenley MA, *Violence in America: A Public Health Approach* (New York: Oxford University Press, 1991).

[59] Reiss Jr AJ, Roth JA, *Understanding and Preventing Violence* (Washington, D. C: National Academies Press, 1993).

[60] Umberson D, Williams CL, "Divorced Fathers Parental Role Strain and Psychological Distress," *Journal of Family Issues* 3 (1993): 378-400.

[61] Stets JE, "Modelling Control in Relationships," *Journal of Marriage and Family* 57 (1995): 489-501.

[62] Yllö KE, Bograd ME, Feminist Perspectives on Wife Abuse (National Conference for Family Violence Researchers, 2nd, U of New Hampshire, NH, US, 1984).

[63] Margolin G, John RS, "Foo L. Interactive and Unique Risk Factors for Husbands' Emotional and Physical Abuse of Their Wives," *Journal of Family Violence* 4 (1998): 315-344.

[64] 欧竹青、席春玲：《对家庭暴力的心理学视角分析》，《中华女子学院学报》2003年第6期，第15~18页。

［65］赵幸福、张亚林、李龙飞、周云飞、李鹤展：《家庭暴力施暴者的心理健康状况》，《中国健康心理学杂志》2007年第11期，第1034~1035页。

［66］李全彩：《家庭暴力的社会心理学成因分析与救助》，《理论月刊》2012年第3期，第150~152页。

［67］王天夫：《城市夫妻间的婚内暴力冲突及其对健康的影响》，《社会》2006年第1期，第36~60页。

［68］叶长丽：《家庭暴力当事人的心理情境与社会工作综合干预——基于施暴者和受虐者两本口述实录文本的对比》，《华中人文论丛》2011年第1期，第285~290页。

［69］Coleman DH, Straus MA, "Marital Power, Conflict, and Violence in a Nationally Representative Sample of American Couples," *Violence Vict* 2 (1986): 141-157.

［70］Brinkerhoff MB, Lupri E, "Interspousal Violence," *Canadian Journal of Sociology/Cahiers canadiens de sociologie* 4 (1988): 407-434.

［71］Kim JY, Sung K-t, "Conjugal Violence in Korean American Families: A Residue of the Cultural Tradition," *Journal of Family Violence* 4 (2000): 331-345.

［72］Hornung CA, McCullough BC, Sugimoto T, "Status Relationships in Marriage: Risk Factors in Spouse Abuse," *Journal of Marriage and Family* 3 (1981): 675-692.

［73］Kaukinen C, "Status Compatibility, Physical Violence, and Emotional Abuse in Intimate Relationships," *Journal of Marriage and Family* 2 (2004): 452-471.

［74］Gelles RJ, "An Exchange/Social Control Theory," in D Finkelhor RJG, G T Hotaling and M A Straus, eds., *The Dark Side of Families: Current Family Violence Research* (Sage Publications: London, 1983), pp.151-165.

［75］Goode WJ, "Force and Violence in the Family," *Journal of Marriage and Family* 4 (1971): 624-636.

[76] Allen CM, Straus MA, *Resources, Ppower, and Husband-Wife Violence* (1980).

[77] Kalmuss DS, Straus MA, "Wife's Marital Dependency and Wife Abuse," *Journal of Marriage and Family* 2 (1982): 277-286.

[78] McCloskey LA, "Socioeconomic and Coercive Power Within the Family," *Gender & Society* 4 (1996): 449-463.

[79] Anderson KL, "Gender, Status, and Domestic Violence: An Integration of Feminist and Family Violence Approaches," *Journal of Marriage and Family* 3 (1997): 655-669.

[80] Macmillan R, Gartner R, "When She Brings Home the Bacon: Labor-Force Participation and the Risk of Spousal Violence Against Women," *Journal of Marriage and Family* 4 (1999): 947-958.

[81] Schuler SR, Hashemi SM, Riley AP et al., "Credit Programs, Patriarchy and Men's Violence Against Women in Rural Bangladesh," *Social Science and Medicine* 12 (1996): 1729-1742.

[82] Melzer SA, "Gender, Work, and Intimate Violence: Men's Occupational Violence Spillover and Compensatory Violence," *Journal of Marriage and Family* 4 (2002): 820-832.

[83] Safa HI, *The Myth of the Male Breadwinner* (Boulder, CO: Westview Press, 1995).

[84] Kantor GK, Jasinski JL, Aldarondo E, "Sociocultural Status and Incidence of Marital Violence in Hispanic Families," *Violence and Victims* 3 (1994): 207-222.

[85] Menjívar C, Salcido O, "Immigrant Women and Domestic Violence Common Experiences in Different Countries," *Gender & Society* 6 (2002): 898-920.

[86] Messerschmidt JW, *Masculinities and Crime: Critique and Reconceptualization of Theory* (Lanham, MD: Rowman & Littlefield, 1993).

[87] Gelles RJ, Straus MA, *Intimate Violence: The Definitive Study of the Causes and Consequences of Abuse in the American Family* (USA: Simon &Schuster,

1988).

[88] Okun L, *Woman Abuse: Facts Replacing Myths* (Albany: SUNY Press, 1986).

[89] Walker LE, *The Battered Woman Syndrome* (New York: Springer Publishing Company, 2009).

[90] Gelles RJ, *The Violent Home* (Beverly Hills: Sage Publications, 1972).

[91] Yount KM, "Resources, Family Organization, and Domestic Violence Against Married Women in Minya, Egypt," *Journal of Marriage and Family* 3 (2005): 579-596.

[92] 徐安琪:《婚姻暴力: 一般家庭的实证分析》,《上海社会科学院学术季刊》2001年第3期, 第156~165页。

[93] Rennison CM, Welchans S, "Intimate Partner Violence," *Washington DC: Bureau of Justice* (2003).

[94] Hotaling GT, Sugarman DB, "A Risk Marker Analysis of Assaulted Wives," *Journal of Family Violence* 1 (1990): 1-13.

[95] Tang CS-K, Lai BP-Y, "A Review of Empirical Literature on the Prevalence and Risk Markers of Male-on-female Intimate Partner Violence in Contemporary China, 1987 - 2006," *Aggression and Violent Behavior* 1 (2008): 10-28.

[96] Langhinrichsen-Rohling J, Neidig P, Thorn G, "Violent Marriages: Gender Differences in Levels of Current Violence and Past Abuse," *Journal of Family Violence* 2 (1995): 159-176.

[97] 王向贤:《亲密关系中的暴力——以1035名大学生调查为例》, 博士学位论文, 中国社会科学院研究生院, 2008。

[98] Sabourin TC, Infante DA, Rudd J, "Verbal Aggression in Marriages A Comparison of Violent, Distressed but Nonviolent, and Nondistressed Couples," *Human Communication Research* 2 (1993): 245-267.

[99] Julian TW, McKenry PC, "Mediators of Male Violence Toward Female Intimates," *Journal of Family Violence* 1 (1993): 39-56.

[100] Gondolf E, "Demonology Revisited: The Portrayal of Batterers in the Simpson Media," *Viol Update* 2 (1994): 5-8.

[101] Brinkerhoff MB, Grandin E, Lupri E, "Religious Involvement and Spousal Violence: The Canadian Case," *Journal for the Scientific Study of Religion* 1 (1992): 15-31.

[102] Guo S, Wu J, Qu C et al., "Physical and Sexual Abuse of Women Before, During, and After Pregnancy," *International Journal of Gynecology & Obstetrics* 3 (2004): 281-286.

[103] 李成华、靳小怡:《夫妻相对资源和情感关系对农民工婚姻暴力的影响》,《社会》2012年第1期,第153~173页。

[104] O'Leary KD, Malone J, Tyree A, "Physical Aggression in Early Marriage: Prerelationship and Relationship Effects," *Journal of Consulting and Clinical Psychology* 3 (1994): 594-602.

[105] Byrne CA, Arias I, "Marital Satisfaction and Marital Violence: Moderating Effects of Attributional Processes," *Journal of Family Psychology* 2 (1997): 188-195.

[106] 刘梦:《个人、家庭、社会:多元的视角——国外虐妻研究综述》,《浙江学刊》2001年第5期,第114~118页。

[107] Hague G, Malos E, *Domestic Violence: Action for Change* (Cheltenham: New Clarion Press, 1993).

[108] Lazarus RS, "Progress on a Cognitive-Motivational-Relational Theory of Emotion," *American Psychologist* 8 (1991): 819-834.

[109] Lazarus RS, "From Psychological Stress to the Emotions: A History of Changing Outlooks," *Annual Review of Psychology* 44 (1998): 1-21.

[110] Lazarus RS, Folkman S, *Stress, Appraisal, and Coping* (New York: Springer Publishing Company, 1984).

[111] Cano A, Vivian D, "Life Stressors and Husband-to-wife Violence," *Aggression and Violent Behavior* 5 (2001): 459-480.

[112] Conger RD, Elder Jr GH, Lorenz FO et al., "Linking Economic

Hardship to Marital Quality and Instability," *Journal of Marriage and Family* 3 (1990): 643-656.

[113] DeLongis A, Coyne JC, Dakof G et al., "Relationship of Daily Hassles, Uplifts, and Major Life Events to Health Status," *Health psychology* 2 (1982): 119-136.

[114] Farrington K, "The Application of Stress Theory to the Study of Family Violence: Principles, Problems, and Prospects," *Journal of Family Violence* 2 (1986): 131-147.

[115] Straus MA, Hotaling GT, *The Social Causes of Husband-Wife Violence* (University of Minnesota Press Minneapolis, 1980).

[116] Voydanoff P, "Economic Distress and Family Relations: A Review of the Eighties," *Journal of Marriage and Family* 4 (1990): 1099-1115.

[117] Kinnunen U, Pulkkinen L, "Linking Economic Stress to Marital Quality Among Finnish Marital Couples Mediator Effects," *Journal of Family Issues* 6 (1998): 705-724.

[118] Farley R, *The New American Reality: Who We Are, How We Got Here, Where We are Going* (New York: Russell Sage Foundation, 1996).

[119] Fox GL, Benson ML, DeMaris AA et al., "Economic Distress and Intimate Violence: Testing Family Stress and Resources Theories," *Journal of Marriage and Family* 3 (2002): 793-807.

[120] Zelizer VA, "The Social Meaning of Money: 'Special Monies'," *American Journal of Sociology* 2 (1989): 342-377.

[121] Tjaden PG, Thoennes N, "Extent, Nature, and Consequences of Intimate Partner Violence: Findings from the National Violence Against Women Survey," *Tasforests* 11 (1998).

[122] George MJ, "A Victimization Survey of Female-Perpetrated Assaults in the United Kingdom," *Aggressive Behavior* 1 (1999): 67-79.

[123] Renvoize J, *Web of Violence: A Study of Family Violence* (London: Routledge & K Paul, 1978).

[124] Fox GL, Chancey D, "Sources of Economic Distress Individual and

Family Outcomes," *Journal of Family Issues* 6 (1998): 725-749.

[125] Stevens ML, *Reorganizing Gender-Specific Persecution: A Proposal to Add Gender as a Sixth Refugee Category* (Cornell JL and Pub. Pol'y, 1993).

[126] Gallin RS, "Wife Abuse in the Context of Development and Change: A Chinese (Taiwanese) Case," in D Counts JB and J Campbell, eds., *Sanctions and Sanctuary: Cultural Perspectives on the Beating of Wives* (Westview Press: Colorado, 1992), pp. 219-227.

[127] Pence E, Paymar M, *Education Groups for Men Who Batter: The Duluth Model* (New York: Springer Publishing Company, 1993).

[128] 佟新:《不平等性别关系的生产与再生产——对中国家庭暴力的分析》,《社会学研究》2000年第1期,第102~111页。

[129] Yllo K, "Through a Feminist Lens," in Gelles RJ, R LD, eds., *Current Controversies in Family Violence* (Sage: Newbury Park, CA, 1993), pp. 47-62.

[130] Booth A, Johnson D, Edwards JN, "Measuring Marital Instability," *Journal of Marriage and Family* 2 (1983): 387-394.

[131] Dobash RE, *Women, Violence and Social Change* (London: Routledge, 1992).

[132] Serran G, Firestone P, "Intimate Partner Homicide: A Review of the Male Proprietariness and the Self-Defense Theories," *Aggression and Violent Behavior* 1 (2004): 1-15.

[133] Arias I, Johnson P, "Evaluations of Physical Aggression Among Intimate Dyads," *Journal of Interpersonal Violence* 3 (1989): 298-307.

[134] Archer J, "Sex Differences in Aggression Between Heterosexual Partners: a Meta-Analytic Review," *Psychological Bulletin* 5 (2000): 651-680.

[135] Brown GA, "Gender as a Factor in the Response of the Law-Enforcement System to Violence Against Partners," *Sexuality and Culture* 3 (2004): 3-139.

[136] Kessler RC, Molnar BE, Feurer ID et al., "Patterns and Mental Health

Predictors of Domestic Violence in the United States: Results from the National Comorbidity Survey," *International Journal of Law and Psychiatry* 4 (2001): 487-508.

[137] Nicholls TL, Dutton DG, "Abuse Committed by Women Against Male Intimates," *Journal of Couples Therapy* 1 (2001): 41-57.

[138] Stets J, Straus M, *The marriage License as a Hitting License: Physical Violence in American Families* (New Brunswick: Transaction Publishers, 1992).

[139] Stets JE, "Interactive Processes in Dating Aggression: A National Study," *Journal of Marriage and Family* 1 (1992): 165-177.

[140] O'Leary KD, Physical Aggression Between Spouses: A Social Learning Theory Perspective (New York, 1988).

[141] MacEwen KE, Barling J, "Multiple Stressors, Violence in the Family of Origin, and Marital Aggression: A Longitudinal Investigation," *Journal of Family Violence* 1 (1988): 73-87.

[142] Simons RL, Lin K-H, Gordon LC, "Socialization in the Family of Origin and Male Dating Violence: A Prospective Study," *Journal of Marriage and Family* 60 (1998): 467-478.

[143] Kimmel MS, "'Gender Symmetry' in Domestic Violence A Substantive and Methodological Research Review," *Violence Against Women* 11 (2002): 1332-1363.

[144] Michalski JH, "Explaining Intimate Partner Violence: The Sociological Limitations of Victimization studies," *Sociological Forum* 4 (2005): 613-640.

[145] Johnson MP, "Patriarchal Terrorism and Common Couple Violence: Two Forms of Violence Against Women," *Journal of Marriage and the Family* 2 (1995): 283-294.

[146] Kurz D, "Social Science Perspectives on Wife Abuse: Current Debates and Future Directions," *Gender & Society* 4 (1989): 489-505.

[147] Kurz D, "Physical Assaults by Husbands: A Major Social Problem," in Gelles RJ and Loseke DR eds., *Current Controversies on Family Violence* (Sage: Newbury Park, CA, 1993) pp. 88–103.

[148] Straus MA, Gelles RJ, Smith C, *Physical Violence in American Families: Risk Factors and Adaptations to Violence in 8, 145 Families* (New Brunswick: Transaction Publishers, 1990).

[149] Johnson M, *Commitment and Entrapment* (New York: Saratoga Springs, 1998).

[150] Johnson M, "Domestic Violence is not a Unitary Phenomenon: A Major Flaw in the Domestic Violence Literature," Unpublished Manuscript, 2000.

[151] Follingstad DR, Rutledge LL, Berg BJ et al., "The Role of Emotional Abuse in Physically Abusive Relationships," *Journal of Family Violence* 2 (1990): 107–120.

[152] Kirkwood C, *Leaving Abusive Partners: From the Scars of Survival to the Wisdom for Change* (Newbury Park, CA: Sage, 1993).

[153] Chang VN, *I Just Lost Myself: Psychological Abuse of Women in Marriage* (Westport, CT: Greenwood Publishing Group, 1996).

[154] Browne A, Williams KR, Dutton DG, "Homicide Between Intimate Partners," in Zahn MDSMA, ed., *Homicide: A Sourcebook of Social Research* (Sage: Thousand Oaks, CA, 1999), pp. 149–164.

[155] Roberts AR, "Battered Women Who Kill: A Comparative Study of Incarcerated Participants With a Community Sample of Battered Women," *Journal of Family Violence* 3 (1996): 291–304.

[156] Jacobson NS, Gottman JM, *When Men Batter Women: New Insights Into Ending Abusive Relationships* (New York: Simon&Schuster, 1998).

[157] Johnson MP, "Two Types of Violence Against Women in the American Family: Identifying Patriarchal Terrorism and Common Couple Violence" (Irvine, 1999).

[158] Johnson MP, Ferraro KJ, "Research on Domestic Violence in the 1990s: Making Distinctions," *Journal of Marriage and Family* 4 (2000): 948-963.

[159] 胡俊琳:《亲密关系暴力:一般家庭的发生率、性别差异及影响因素》,硕士学位论文,上海社会科学院,2009。

[160] 蔡鑫:《当代中国的家庭暴力与其城乡二元化表现》,《首都师范大学学报》(社会科学版) 2005 年第 3 期,第 102~105 页。

[161] Heise L, Ellsberg M, Gottemoeller M., "Ending Violence Against Women", *Population Reports* (1999).

[162] Krug EG, Mercy JA, Dahlberg LL et al., "The World Report on Violence and Health," *The Lancet* 9339 (2002): 1083-1088.

[163] 陈璇、夏一巍:《农村婚姻暴力受害因素的有效对称研究》,《西北农林科技大学学报》(社会科学版) 2016 年第 1 期,第 119~125 页。

[164] 肖洁、风笑天:《中国家庭的婚姻暴力及其影响因素——基于家庭系统的考察》,《社会科学》2014 年第 11 期,第 90~99 页。

[165] 马春华:《性别、权力、资源和夫妻间暴力——丈夫受虐和妻子受虐的影响因素分析比较》,《学术研究》2013 年第 9 期,第 31~44 页。

[166] Barrett M, "Women's Oppression Today: Problems in Marxist Feminist Analysis," *Capital & Class* 2 (1981): 132-136.

[167] Ursel J, "The State and the Maintenance of Patriarchy: A Case Study of Family, Labour and Welfare Legislation in Canada," in Dickinson J, Russell B, eds., *Family, Economy and State* (Garamond: Totonto, 1986), pp. 150-191.

[168] Smith MD, "Patriarchal Ideology and Wife Beating: A Test of a Feminist Hypothesis," *Violence and Victims* 4 (1990): 257-273.

[169] Kennedy LW, Dutton DG, "The Incidence of Wife Assault in Alberta," *Canadian Journal of Behavioural Science/Revue canadienne des sciences du comportement* 1 (1989): 40-54.

[170] Straus MA, Gelles RJ, "Societal Change and Change in Family Violence From 1975 to 1985 as Revealed by Two National Surveys," *Journal of Marriage and Family* 3 (1986): 465-479.

[171] Smith MD, "The Incidence and Prevalence of Woman Abuse in Toronto," *Violence and Victims* 3 (1987): 173-188.

[172] Mihalic SW, Elliott D, "A Social Learning Theory Model of Marital Violence," *Journal of Family Violence* 1 (1997): 21-47.

[173] Straus MA, "Injury and Frequency of Assault and the 'Representative Sample Fallacy' in Measuring Wife Beating and Child Abuse," *Physical Violence in American Families: Risk Factors and Adaptations to Violence in* 145 (1990): 75-91.

[174] Ayyub R, "The Many Faces of Domestic Violence in the South Asian American Muslim Community," in SD D, ed., *Body Evidence: Intimate Violence Against South Asian Women in America* (Rutgers University Press: New Jersey, 2007), pp. 24-37.

[175] Abraham M, "Speaking the Unspeakable Marital Violence Against South Asian Immigrant Women in the United States," *Indian Journal of Gender Studies* 2 (1998): 215-241.

[176] Ahmad F, Riaz S, Barata P et al., "Patriarchal Beliefs and Perceptions of Abuse Among South Asian Immigrant Women," *Violence Against Women* 3 (2004): 262-282.

[177] Raj A, Silverman J, "Violence Against Immigrant Women The Roles of Culture, Context, and Legal Immigrant Status on Intimate Partner Violence," *Violence Against Women* 3 (2002): 367-398.

[178] Ayyub R, "Domestic Violence in the South Asian Muslim Immigrant Population in the United States," *Journal of Social Distress and the Homeless* 3 (2009): 237-248.

[179] Ho CK, "An Analysis of Domestic Violence in Asian American Communities: A Multicultural Approach to Counseling," *Women & Therapy* 1-2 (1990): 129-150.

[180] Bui HN, *In the Adopted Land: Abused Immigrant Women and the Criminal Justice System* (Praeger Publishers, 2004).

[181] Busby C, "Agency, Power and Personhood Discourses of Gender and Violence in a Fishing Community in South India," *Critique of Anthropology* 3 (1999): 227-248.

[182] Huisman KA, "Wife Battering in Asian American Communities Identifying the Service Needs of an Overlooked Segment of the US Population," *Violence Against Women* 3 (1996): 260-283.

[183] Kulwicki AD, Miller J, "Domestic Violence in the Arab American Population: Transforming Environmental Conditions Through Community Education," *Issues in Mental Health Nursing* 3 (1999): 199-215.

[184] Bhuyan R, Senturia K, "Understanding Domestic Violence Resource Utilization and Survivor Solutions Among Immigrant and Refugee Women. Introduction to the Special Issue," *Journal of Interpersonal Violence* 8 (2005): 895-901.

[185] Kim I, Lau A, Chang D, "Family Violence Among Asian Americans," in Leong F IA, Ebreo A, Yang L, Kinoshita LM, Fu M, eds., *Handbook of Asian American psychology* (Sage: Thousand Oaks, 2007), pp. 363-378.

[186] Gilmartin C, "Violence Against Women in Contemporary China," in Harrell JLS, ed., *Violence in China: Essays in Culture and Counterculture* (State University of New York Press: New York, 1990), pp. 203-226.

[187] Honig E, Hershatter G, *Personal Voices: Chinese Women in the 1980's* (Standford: Stanford University Press, 1988).

[188] Samuel E, "Acculturative Stress: South Asian Immigrant Women's Experiences in Canada's Atlantic Provinces," *Journal of Immigrant & Refugee Studies* 1 (2009): 16-34.

[189] Kang TS, Kang G, "Adjustment Patterns of the Korean-American

[190] Hughes M, Gove WR, "Living Alone, Social Integration, and Mental Health," *American Journal of Sociology* 14 (1981): 293-318.

[191] Erez E, "Immigration, Culture Conflict and Domestic Violence/Woman Battering," *Crime Prevention & Community Safety* 1 (2000): 27-36.

[192] Zakar R, Zakar MZ, Faist T et al., "Intimate Partner Violence Against Women and its Related Immigration Stressors in Pakistani Immigrant Families in Germany," *SpringerPlus* 1 (2012): 1-14.

[193] 杨婷、靳小怡：《家庭压力与婚姻满意度对农民工实施婚姻暴力的影响》，《人口学刊》2018年第1期，第33~44页。

[194] 周苗：《我国人口流动背景下的婚姻暴力现象探究》，《人口与社会》2015年第3期，第43~51页。

[195] 周林刚、陈璇：《流动妇女遭受婚姻暴力的现状及影响因素——基于江西省修水县的调查》，《中国人口科学》2015年第2期，第104~114页。

[196] Das Gupta M, Ebenstein A, Sharygin EJ, "China's Marriage Market and Upcoming Challenges for Elderly Men," (2010).

[197] Gu B, Roy K, "Sex Ratio at Birth in China, With Reference to Other Areas in East Asia: What We Know," *Asia Pacific Population Journal* 10 (1995): 17-42.

[198] 靳小怡、李成华、李艳：《性别失衡背景下中国农村人口的婚姻策略与婚姻质量》，《青年研究》2011年第6期，第1~10页。

[199] Hoffman KL, Demo DH, Edwards JN, "Physical Wife Abuse in a Non-Western Society: An Integrated Theoretical Approach," *Journal of Marriage and Family* (1994): 131-146.

[200] 李艳、李树茁：《中国农村大龄未婚男青年的压力与应对——河南YC区的探索性研究》，《青年研究》2008年第11期，第15~23页。

[201] Fan CC, Li L, "Marriage and Migration in Transitional China: a Field Study of Gaozhou, Western Guangdong," *Environment and Planning A* 4 (2002): 619-638.

[202] Davin D, "Marriage Migration in China The Enlargement of Marriage Markets in the Era of Market Reforms," *Indian Journal of Gender Studies* 2-3 (2005): 173-188.

[203] Bossen L, "Village to Distant Village: the Opportunities and Risks of Long-Distance Marriage Migration in Rural China," *Journal of Contemporary China* 50 (2007): 97-116.

[204] 杜海峰、白萌、刘茜等：《农民工生存与发展状况调查报告》，社会科学文献出版社，2015。

[205] Street AE, Arias I, "Psychological Abuse and Posttraumatic Stress Disorder in Battered Women: Examining the Roles of Shame and Guilt," *Violence and Victims* 1 (2001): 65-78.

[206] Min H, Eades J, "Brides, Bachelors and Brokers: The Marriage Market in Rural Anhui in An Era of Economic Reform," *Modern Asian Studies* 4 (1995): 841-869.

[207] Xu L, *Intra-Family Gender Relations, Women's Well-Being, and Access to Resources: The Case of a Northern Chinese Village* (Canana: University of Western Ontario, 2006).

[208] 韦艳、靳小怡、李树茁：《农村大龄未婚男性家庭压力和应对策略研究——基于YC县访谈的发现》，《人口与发展》2008年第5期，第2~12页。

[209] 莫丽霞：《出生人口性别比升高的后果研究》，中国人口出版社，2005。

[210] 李卫东、胡莹：《未婚男性农民工心理失范的调查研究》，《交通大学学报》（社会科学版）2012年第1期，第76~81页。

[211] Rosenbaum A, O'Leary KD, "Marital Violence: Characteristics of Abusive Couples," *Journal of Consulting and Clinical Psychology* 1 (1981): 63-71.

[212] Maiuro RD, Cahn TS, Vitaliano PP, "Assertiveness Deficits and Hostility in Domestically Violent men," *Violence and Victims* 4 (1986): 279-289.

[213] Margolin G, John RS, Gleberman L, "Affective Responses to Conflictual Discussions in Violent and Nonviolent Couples," *Journal of Consulting and Clinical Psychology* 1 (1988): 24-33.

[214] 徐安琪:《择偶标准:五十年变迁及其原因分析》,《社会学研究》2000年第6期,第18~30页。

[215] 韦艳、张力:《农村大龄未婚男性的婚姻困境:基于性别不平等视角的认识》,《人口研究》2011年第5期,第58~70页。

[216] Zentner MR, "Ideal Mate Personality Concepts and Compatibility in Close Relationships: a Longitudinal Analysis," *Journal of Personality and Social Psychology* 2 (2005): 242-256.

[217] Gerdvilyte A, Abhyankar SC, "The Compatibility of Ideal and Real Romantic Partner Characteristics, Attachment to Partner and Relationship Satisfaction Among Indian Women," *Psychological Studies* 3 (2010): 188-194.

[218] South SJ, "Sociodemographic Differentials in Mate Selection Preferences," *Journal of Marriage and Family* 4 (1991): 928-940.

[219] 西安交通大学人口与发展研究所:《福建省X市外来农村流动人口调查报告》,2009。

[220] 西安交通大学人口与发展研究所:《全国百村调查报告》,2010。

[221] Liu L, Jin X, Brown MJ et al.: Male Marriage Squeeze and Inter-provincial Marriage in Central China: Evidence from Anhui (paper represented at the The Population Association of America [PAA] 2012 Anual Meeting: SanFransico, USA, 2012), pp. 1-21.

[222] Schumm WR, Paff-Bergen LA, Hatch RC et al., "Concurrent and Discriminant Validity of the Kansas Marital Satisfaction Scale" *Journal of Marriage and Family* 2 (1986): 381-387.

[223] 刘爽:《男多女少无助于妇女地位的提高》,《人口研究》2003年第

5 期，第 44~47 页。

[224] 宋月萍、张婧文：《越少就会越好吗？——婚姻市场性别失衡对女性遭受家庭暴力的影响》，《妇女研究论丛》2017 年第 3 期，第 5~15 页。

附录 1
X 市外来农村流动人口调查问卷（节选）

被访人编码□□□□□□□

被访人姓名_____ 被访人住址_____ 街道（镇）_____ 居委会

_____ 门牌号或_____ 街道（镇）_____ 公司

月　　日　　时　　分　　如果调查未完成，原因是：_____

第一次访问从□□　□□　□□　□□_____

　　　　　到□□　□□　□□　□□_____

第二次访问从□□　□□　□□　□□_____

　　　　　到□□　□□　□□　□□_____

访问员姓名____ 核对人姓名____ 核对人的检查结果合格（　）不合格（　）

请把下面的这段话读给被访问人：

您好！厦门市外来流动人口课题组正在做一项有关农村外来流动人口的社会调查，特邀请您参加本次调查，谢谢您的支持和合作！

调查中将询问一些有关您目前日常生活状况的问题，包括您的工作、生活状况、婚姻家庭、生育、养老和社会交往等。整个调查大约需要 50 分钟，课题组不会对您参加本次调查支付报酬，但会送给您一份礼品表示对您的感谢。本次调查收集到的信息将严格保密，除了合格的研究人员外，任何人不会接触到这些资料。这些资料将会在课题组保存 5 年。您的回答不会和任何能够表明您身份的信息产生联系，只有一些经过我们汇总后的结果被公布。

再次感谢您的合作！

厦门市外来流动人口课题组

2009 年 11 月

第一部分　个体基本情况

101 您的性别：　　　　　　　　1. 男　　　　2. 女　　　　　　□

101.1 您的婚姻状况是：　　　　　　　　　　　　　　　　　　□
　　　1. 初婚　2. 再婚　3. 丧偶　4. 离异　5. 从未结过婚

101.2 您配偶的婚姻状况为：　　　　　　　　　　　　　　　　□
　　　1. 初婚　2. 再婚

102 您是什么时候出生的？　　　　　　　阳历：□□□□年□□月

103 您是哪个民族？1. 汉族　2. 少数民族（请注明）_____　□

104 您的户籍所在地：_____省（自治区、直辖市）_____（市）_____县（区）

105 您的受教育程度是：　　　　　　　　　　　　　　　　　　□
　　　1. 不识字或很少识字　2. 小学　3. 初中　4. 高中（含中专、技校）
　　　5. 大专及以上

106 您是否患有慢性疾病？　　　　　　　　　　　　　　　　　□
　　　1. 无　2. 有，但不影响干活　3. 有，但不影响生活　4. 有，且影响生活

107 您认为您健康状况如何？　　　　　　　　　　　　　　　　□
　　　1. 非常好　2. 较好　3. 一般　4. 较差　5. 非常差

108 您觉得自己是个外向的人吗？　　　　　　　　　　　　　　□
　　　1. 非常外向　2. 外向　3. 一般　4. 内向　5. 非常内向

109 您第一次外出务工是什么时候？　　　　　　□□□□年□□月

110 在离开家乡外出打工以前，您干过多长时间的农活？　　　□
　　　1. 从来没干过　2. 几个月不到1年　3. 几年不到5年　4. 5年以上

111 第一次外出务工以前，您在家乡的职业是：　　　　　　　□
　　　1. 务农　2. 本地企业的工人　3. 学生　4. 待业或家务　5. 个体
　　　6. 参军　7. 其他（请注明）____

112 在来厦门之前，您是否到过其他县城或城市打工？　　　　□
　　　1. 是　2. 否（跳问115）

113 在来厦门之前，您在其他县城或城市打工的最后职业是：　□□
　　　01. 非技术工人　02. 技术工人　03. 商业、服务业劳动者

04. 个体户　05. 私营企业主　06. 办事人员　07. 专业技术人员

08. 企业或商业负责人（如经理、厂长等）　09. 军人

10. 党政机关、事业单位负责人　11. 城乡无业失业半失业者

12. 离退休人员　13. 学生　14. 农林牧渔人员

15. 其他（请注明）_____

114 您初次来厦门是什么时候？　　　　　　　　　□□□□年□□月

115 您最初是和谁一起来厦门的？　　　　　　　　　　　　　　□

　　1. 自己单独来　2. 随配偶/男（女）朋友来　3. 随家人来

　　4. 随老乡来　5. 其他（请注明）_____

116 您来厦门打工的主要原因是：　　　　　　　　　　　　　　□

　　1. 求学、学手艺　2. 挣钱养家　3. 挣钱结婚　4. 结婚　5. 照顾家人

　　6. 见世面/向往城里的生活　7. 其他（请注明）_____

117 来厦门后，您做过几份工作？（一直没工作的填00，并且跳问123）

　　　　　　　　　　　　　　　　　　　　　　　　　　　　□□

118 目前，您具体的职业是_____

119 您目前的职业属于以下哪种类型　　　　　　　　　　　　□□

　　01. 非技术工人　02. 技术工人　03. 商业、服务业劳动者

　　04. 个体户　05. 私营企业主　06. 办事人员　07. 专业技术人员

　　08. 企业或商业负责人（如经理、厂长等）　09. 军人

　　10. 党政机关、事业单位负责人　11. 城乡无业失业半失业者

　　12. 离退休人员　13. 学生　14. 农林牧渔人员

　　15. 其他（请注明）_____

120 您目前工作单位的性质是什么？　　　　　　　　　　　　　□

　　1. 党政机关　2. 国有企业　3. 国营事业

　　4. 集体企业（含乡镇企业）　5. 外商独资或合资企业

　　6. 私营企业（8人及以上）　7. 个体工商户（8人以下）

　　8. 无单位（如居民家庭中的保姆、打零工的或摆摊者）（跳问122）

　　9. 其他（请注明）_____

121 您是否与单位签订了书面劳动合同？　1. 是　2. 否　　　　□

122 您来厦门的第一份工作（没换过工作不答此题，跳问123）□□

01. 非技术工人　02. 技术工人　03. 商业、服务业劳动者

04. 个体户　05. 私营企业主　06. 办事人员　07. 专业技术人员

08. 企业或商业负责人（如经理、厂长等）　09. 军人

10. 党政机关、事业单位负责人　11. 城乡无业失业半失业者

12. 离退休人员　13. 学生　14. 农林牧渔人员

15. 其他（请注明）_____

123 您找工作有没有遇到过困难？　1. 有过　2. 没有　☐

124 您是否参加过职业培训：　☐

　　1. 是　2. 否（跳问到125）

124.1 该培训是否免费？

　　1. 是　2. 否

124.2 该培训的组织者是：　☐

　　1. 自己　2. 家乡政府　3. 城市政府　4. 企业或事业单位

　　5. 民间组织　6. 其他（请注明）_____

125 在过去的12个月里，您打工时间合计几个月？（不足一个月的按一个月计）　☐☐月

126 您目前平均每周工作_____天，每天工作_____小时

　　☐天☐☐小时

127 您经常回老家吗？（刚来不足半年者问打算）　☐

　　1. 每月都回去　2. 一年四至六次　3. 一年两三次

　　4. 一年一次　5. 几乎不回去

128 您在厦门的居住环境：　☐

　　1. 周围是厦门市民的居住小区　2. 相对独立的外来人口聚居地

　　3. 厦门市民与外地人的混合居住区　4. 其他（请注明）_____

129 您在厦门的住房（或住处）是：　☐

　　1. 自己买的房子　2. 租的房子　3. 借住在亲戚朋友家

　　4. 单位宿舍　5. 自己搭的房子、简易棚　6. 雇主家

　　7. 露宿　8. 其他（请注明）_____

130 您在厦门的住房（或住处）的设施情况：

130.1 通电（没有=0，有=1）　☐

130.2 通自来水（没有＝0，有＝1） □

130.3 煤气/液化气（没有＝0，有＝1） □

130.4 厨房（没有＝0，合用＝1，独用＝2）（包括室外合用） □

130.5 厕所（没有＝0，合用＝1，独用＝2）（包括室外合用） □

130.6 洗澡设施（没有＝0，合用＝1，独用＝2）（包括室外合用） □

130.7 住房用途（居住兼工作或他用＝0，纯居住＝1） □

130.8 现住所的邻居（多为外地人＝0，外地人和厦门人各占一半＝1，多为厦门人＝2） □

131 目前您个人月平均收入大约为多少？ □□□□□元

132 在您的收入中，平均每月以下支出分别有多少？

132.1 自己日常花费（衣食住行等） □□□□□元

132.2 自己社会交往（应酬、娱乐等） □□□□□元

132.3 自己存起来 □□□□□元

132.4 寄回老家 □□□□□元

133 您觉得每月最少需要多少钱才可以维持您在厦门的基本生活？
　　　　　　　　　　　　　　　　　　　　　　　　　□□□□□元

134 您20岁左右时，您父母的家庭经济状况在村里处在何种位置？ □
　　1. 高于平均水平　2. 平均水平　3. 低于平均水平

135（16-24岁者不答此题，跳问136）您20岁左右时，从事什么职业？ □□
　　01. 非技术工人　02. 技术工人　03. 商业、服务业劳动者
　　04. 个体户　05. 私营企业主　06. 办事人员　07. 专业技术人员
　　08. 企业或商业负责人（如经理、厂长等）　09. 军人
　　10. 党政机关、事业单位负责人　11. 城乡无业失业半失业者
　　12. 离退休人员　13. 学生　14. 农林牧渔人员
　　15. 其他（请注明）_____

136 您以后准备在哪里长期发展或者定居？ □
　　1. 赚钱回家，继续务农　2. 学门手艺或技术，回去找个好工作
　　3. 回家干个体　4. 回去办企业，当老板　5. 在厦门安家立业
　　6. 到其他城市安家立业　7. 不打算回去，在这里干什么都行
　　8. 没考虑过，还没想法　9. 其他（请注明）_____

第二部分　社会融合

201　您会说厦门本地话（闽南话）吗？　1. 会说　2. 仅能听懂　3. 听不懂 □

202　在厦门，是否参加了以下组织：　1. 是　2. 否

202.1 党团组织　□　202.2 工会　□　202.3 老（同）乡会　□

　　　202.4 其他（请注明）_____

203　在厦门，您是否参加过社区或单位组织的活动？ □

　　　1. 从未组织过　2. 经常参加　3. 偶尔参加　4. 从未参加过

204　在工作和生活中，您是否受到过市民的歧视（被市民看不起） □

　　　1. 有过，且经常发生　2. 有过，但次数不多　3. 几乎没有

205　您经常从报纸或互联网上获得新闻和信息吗？ □

　　　1. 经常　　　2. 偶尔（很少）　　3. 从不

206　您觉得自己是不是农民？　1. 是　2. 不是 □

207　与市民共同生活在一个城市，您与市民相处得如何？ □

　　　1. 非常不好　2. 不好　3. 一般　4. 好　5. 非常好

208　您对市民的整体印象如何？ □

　　　1. 非常讨厌　2. 有点讨厌　3. 一般　4. 有点喜欢　5. 非常喜欢

209　有人说"与女孩相比，应该让男孩多读些书"，您对此有什么看法？ □

　　　1. 非常反对　2. 有点反对　3. 无所谓　4. 有点赞成　5. 非常赞成

210　您认为一个人的成功主要靠什么？ □

　　　1. 主要靠自身努力　2. 一半努力一半运气　3. 主要靠运气

211　您在多大程度上愿意提前安排自己在工作和生活上的事情？ □

　　　1. 大多数事情都事先仔细地安排

　　　2. 仅在很少几件事情上做事先计划

　　　3. 让事情来到后再说，不必事先考虑（太多）

第三部分　婚姻家庭信息

M311　您最近一次结婚的时间是：　　　　　　　　□□□□年□□月

M312　您现在的配偶的出生日期：　　　　　　　　□□□□年□□月

M313 您和您现在的配偶是怎么认识的？ □

 1. 自己认识　2. 别人介绍　3. 父母安排

 4. 其他（请注明）_____

M314 第一次结婚前，您为找对象花了多少钱？ □□□□□□元

M314.1 这部分花费来自 □

 1. 父母　2. 自己和父母　3. 自己

 4. 家里储蓄和借贷　5. 全部借贷　6. 不适用

M315 下面询问一下您第一次结婚时的花费情况（夫妻俩结婚共同的费用）：

M315.1 彩礼（现金和实物）大约多少钱？ □□□□□□元

M315.2 嫁妆（现金和实物）大约多少钱？ □□□□□□元

M315.3 准备新房（盖新房或装修新房）大约多少钱？ □□□□□□元

M315.4 在所有花费中，您和您父母这边共花了多少钱？

 □□□□□□元

M316 您现在的配偶目前在哪里生活？ □

 1. 自己的家乡　2. 配偶的家乡

 3. 在厦门和自己一起住（跳问到 M317）

 4. 在厦门但不和自己一起住

 5. 其他城市（请注明）_____

M316.1 你们近期有搬到一起的打算吗？　1. 有　2. 没有 □

M317 您现在的配偶是什么地方人？他/她与您 □

 1. 同村　2. 同镇（乡）　3. 同县　4. 同市

 5. 同省　6. 外省（请注明）_____

 7. 国外（请注明）_____

M318 您现在的配偶的受教育程度： □

 1. 不识字或识字不多　2. 小学　3. 初中

 4. 高中（含中专、技校）　5. 大专　6. 本科及以上

M319 您现在的配偶目前的职业（若兼职，则只需填写主要收入来源的职业）： □□

 01. 非技术工人　02. 技术工人　03. 商业、服务业劳动者

04. 个体户　05. 私营企业主　06. 办事人员

07. 专业技术人员　08. 企业或商业负责人（如经理、厂长等）

09. 军人　10. 党政机关、事业单位负责人

11. 城乡无业失业半失业者　12. 离退休人员　13. 学生

14. 农林牧渔人员　15. 其他（请注明）_____

M320 您现在的配偶近半年的平均月收入：　　　　　□□□□□元

M321 您现在经常和您的配偶联系吗（包括见面、打电话、发短信或上网）？　□

　　1. 天天联系　2. 经常　3. 有时　4. 很少　5. 从未联系过

M322 当您遇到拿不定主意的事情时，您是否经常与配偶商量？　□

　　1. 从没商量过　2. 很少商量　3. 有时商量

　　4. 经常商量　5. 总是商量

M323 在您的家庭中，下面这些事情通常主要是谁决定：

　　1. 丈夫拿主意　2. 妻子拿主意　3. 老人拿主意

　　4. 夫妻共同商量　5. 不适用

M323.1 孩子教育　□

M323.2 买大件　□

M323.3 投资或贷款、借钱　□

M323.4 妇女外出打工　□

M324 请您根据自己的实际情况填写对下面情况的评价。

　　1. 很不满意　2. 不满意　3. 一般　4. 较满意　5. 很满意

M 324.1 您对您婚姻的满意程度有多少？　□

M 324.2 您的丈夫/妻子作为一个配偶，您对他/她的满意程度有多少？　□

M 324.3 您对你们夫妻之间关系的满意程度有多少？　□

M325 请您根据自己的实际情况填写对下面情况的评价。

　　1. 从来没有　2. 很少　3. 有时　4. 经常　5. 总是

M 325.1 近一年，您或您的配偶是否正式提出过离婚的问题？　□

M 325.2 近一年，您是否和您的好朋友讨论过你打算离婚的事情？　□

M 325.3 近一年，您是否曾想过你们的婚姻可能会出现问题？　□

M 325.4 近一年，您是否有过离婚的念头？　□

M326 在您老家所在的村子，纯女户家庭是否会被村民看不起？ □

  1. 没有 2. 偶尔 3. 经常

M327 您目前共有几个孩子？（包括收养、自己及配偶前次婚姻的子女；不包括已死亡和抱养出去的子女）（生育数为 0 的跳问到 M328 题） □

孩次（请按排行顺序填写）	A 出生时间（阳历）	B 性别 1 男孩 2 女孩	C 这个孩子是： 1 夫妻双方亲生 2 自己亲生 3 配偶亲生 4 收养	D 是否在上学？ 1 是 2 否	E 目前和谁住（最多选三项） 1 孩子自己（或与其配偶、伴侣单住） 2 您的配偶 3 您 4 您的父母 5 配偶父母 6 其他（注明）____
1	□□□□年 □□月	□	□	□	□□□
2	□□□□年 □□月	□	□	□	□□□
3	□□□□年 □□月	□	□	□	□□□
4	□□□□年 □□月	□	□	□	□□□
5	□□□□年 □□月	□	□	□	□□□
6	□□□□年 □□月	□	□	□	□□□

M328 如果政策允许，假如您第一个孩子是女孩，您想怎么做？ □

  1. 停止生育 2. 再要一个，不管男女

  3. 不管怎样，直到有一个儿子为止

M329 近一年，当您与配偶/男（女）朋友发生争吵或产生矛盾后，您有没有采用过下列行为？

  1. 有 2. 没有

M329.1 讲道理 □

M329.2 讽刺挖苦或辱骂 □

M329.3 长时间不和对方说话 □

M329.4 推搡 □

M329.5 打耳光 □

M329.6 拳打脚踢 □

M329.7 用棍棒等器械殴打 □

M330 近一年,当您与配偶/男(女)朋友发生争吵或产生矛盾后,您有没有遭受过下列情况?

  1. 有 2. 没有

M330.1 讽刺挖苦或辱骂 □

M330.2 对方长时间不和自己说话 □

M330.3 推搡 □

M330.4 打耳光 □

M330.5 拳打脚踢 □

M330.6 棍棒等器械殴打 □

附录2
百村个人调查问卷（节选）

根据《统计法》第三章第十四条，本资料"属于私人、家庭的单项调查资料，非经本人同意，不得泄露"。

问卷编码：□□□□□□□□

被访人姓名_____ 被访人联系电话：_____ 被访人住址____
_____省（市、自治区）_____市（地区）_____县（市、区）_____乡（镇）_____村

访问时间□□月□□日 如果调查未完成，原因是：_____
访问员信息：学校_____ 姓名_____
问卷是否合格（在方格内打"√"）：　　　　　合格□　不合格□

您好！西安交通大学人口与发展研究所正在做一项有关农村人口生活状况与性别平等的社会调查，特邀请您参加本次调查，谢谢您的合作！如果您接受我们的访问，我们会问您一些有关您现在生活的问题，包括您及您家庭的基本情况、您的生活状况、社会关系、婚姻、生育和养老等问题。整个调查大约需要30分钟，本次调查收集到的信息将严格保密，谢谢您的支持和合作！

西安交通大学人口与发展研究所
2010年01月

第一部分　基本信息

101 您的性别：1. 男　2. 女□
102 您是什么时候出生的？阳历：□□□□年□□月

103 您是哪个民族？1. 汉族 2. 少数民族（请注明）_____

104 您的受教育程度是：
   1. 不识字或很少识字　2. 小学　3. 初中
   4. 高中（含中专、技校）　5. 大专及以上

105 您的身体有无残疾？
   1. 无　2. 有，但不影响生活　3. 有，但不影响干活儿
   4. 有，且影响生活

106 您认为您健康状况如何？
   1. 优秀　2. 良好　3. 一般　4. 较差　5. 差

107 当您和异性单独在一起时，是否觉得不自在？
   1. 很不自在　2. 有点不自在　3. 不会觉得不自在

108 您觉得自己是个外向的人吗？
   1. 非常外向 2. 外向　3. 一般　4. 内向　5. 非常内向

109 您个人目前的职业属于（兼业者填写主要收入来源的职业）
   01. 务农　02. 养殖专业户　03. 待业或家务　04. 打工
   05. 个体户　06. 学生　07. 工匠　08. 私营企业主
   09. 村干部　10. 乡镇干部　11. 教师或医生
   12. 其他（请注明）_____

110 您是否曾经（或正在）打工？1. 是 2. 否（跳问到111）

110.1 您第一次外出打工是什么时候？□□□□年□□月

110.2 在过去的12个月里，您打工时间合计几个月？（不足一个月的按一个月计）□□月

111 您家庭去年一年的年收入（包括现金与实物）大约为□□□□□□元，其中您个人收入为□□□□□□元

112 您家的耕地面积是_____亩_____分（此处的家是指经济情况不分离的一家人，即不分家的情况）

113 您家是否有以下生产性工具或经营性工具？（有＝1，无＝0）

拖拉机	农用三轮车	架子车	水泵	马牛驴骡等干活牲畜	其他生产性或经营性工具
□	□	□	□	□	□

114 您是否有存款？1. 有　2. 无　3. 欠债□

115 您是否是低保户？1. 是　2. 否□

116 您觉得每月最少需要多少钱才可以维持您在家乡的基本生活？

□□□□□元

117 除了您本人，您的兄弟姐妹的数量：

117.1 您兄弟的数量　　　　　　　　　　　　　　　　　□

117.2 您姐妹的数量　　　　　　　　　　　　　　　　　□

117.3 您28岁及以上未结过婚的兄弟的数量？　　　　　　□

118 您20岁左右时，您父母的家庭经济状况在村里处在何种位置？□

　　1. 高于平均水平　2. 平均水平　3. 低于平均水平

119 您的主要亲属中有人曾经或正在政府部门任职（如县、乡、村干部等）吗？1. 有　2. 没有　　　　　　　　　　　　　　　　□

120 您家属于村里的大家族吗？1. 是　2. 否　　　　　　□

第二部分　婚姻生育和养老

201 您的婚姻状况是：1. 初婚（头婚）　2. 再婚 3. 从未结过婚　□

202 您认为以下哪种成婚方式比较好？　　　　　　　　　□

　　1. 自己认识　2. 别人介绍　3. 父母安排

　　4. 方式不重要　5. 其他（请注明）_____

203 您觉得配偶来自什么地方比较好？　　　　　　　　　□

　　1. 本村　2. 本镇（乡）　3. 本县　4. 本市

　　5. 本省　6. 外省　7. 国外　8. 无所谓

204 您认为男性和女性的理想结婚年龄分别是多少？（如回答的是年龄区间，取中值并四舍五入）

204.1 男性最合适的结婚年龄是：　　　　　　　　　□□岁

204.2 女性最合适的结婚年龄是：　　　　　　　　　□□岁

205 如果政策允许，假如您第一个孩子是女孩，您想怎么做？　□

　　1. 停止生育　2. 再要一个，不管男女

　　3. 不管怎样，直到有一个儿子为止

206 你是否觉得自己曾经遭遇过成婚困难？　1. 是　2. 否　□

207 您觉得以下哪些因素曾经造成您成婚困难？1. 是　2. 否
207.1 父母健康状况不好或不健在　□
207.2 父母及家庭在村里的声望　□
207.3 家里兄弟数量太多　□
207.4 个人和家庭经济状况　□
207.5 个人长相，身高，性格，年龄等　□
207.6 个人健康状况　□
207.7 家乡交通不便、经济落后　□
207.8 留在家乡的同年龄适婚异性太少　□
207.9 其他（请注明）_____
208 您是否有被骗婚的经历？1. 有　2. 没有（跳问到 M201）　□
208.1 您共被骗了多少钱？　□□□□□□元

M201 初婚前，当您需要借一大笔钱，您可以向谁借？您通常会找的各类人的个数：

家人（包括父母、兄弟姐妹和子女）和亲戚□□人，非亲戚（包括邻居、朋友和同学）□□人

M202 初婚前，如果您要串门聊天、赶集（会）、逛商店、看戏、看电影等，您通常会找的各类人数：

家人（包括父母、兄弟姐妹和子女）和亲戚□□人，非亲戚（包括邻居、朋友和同学）□□人

M203 您现在的配偶来自什么地方？　□

1. 本村　2. 本镇（乡）3. 本县　4. 本市

5. 本省　6. 外省（请注明）_____

7. 国外（请注明）_____

M204 您和您现在的配偶是怎么认识的?　□

1. 自己认识　2. 别人介绍　3. 父母安排

4. 其他（请注明）_____

M205 您结婚的时间是：（再婚者请回答当前婚姻的结婚时间）

□□□□年□□月

M206 您配偶的出生日期：　□□□□年□□月

M207 您配偶的受教育程度： ☐

    1. 不识字或很少识字　2. 小学　3. 初中

    4. 高中（含中专、技校）　5. 大专及以上

M208 您配偶目前的职业（若兼职，则只需填写主要收入来源的职业）： ☐☐

    01. 务农　02. 养殖专业户　03. 待业或家务

    04. 打工　05. 个体户　06. 学生　07. 工匠

    08. 私营企业主　09. 村干部　10. 乡镇干部

    11. 教师或医生　12. 其他（请注明）_____

M209 您配偶去年一年的年收入大约多少： ☐☐☐☐☐☐元

M210 在您初婚时的所有花费中（如彩礼、嫁妆、买家具、谢媒人、办酒席等），您和您父母这边共花了多少钱？ ☐☐☐☐☐☐元

M211 您根据自己的实际情况填写对下面情况的评价。

    1. 很不满意　2. 不满意　3. 一般

    4. 较满意　5. 很满意

M211.1 您对您婚姻的满意程度有多少？ ☐

M211.2 您的妻子作为一个配偶，您对她的满意程度有多少？ ☐

M211.3 您对你们夫妻之间关系的满意程度有多少？ ☐

M212 您目前共有☐个孩子（生育数为0的跳问到M213题）

孩次	A 性别 1. 男孩 2. 女孩	B 出生时间（阳历）	孩次	A 性别 1. 男孩 2. 女孩	B 出生时间（阳历）
1	☐	☐☐☐☐年☐☐月	3	☐	☐☐☐☐年☐☐月
2	☐	☐☐☐☐年☐☐月	4	☐	☐☐☐☐年☐☐月

M213 近一年，当您与妻子发生争吵或产生矛盾后，您有没有采用过下列行为？

    1. 有　2. 没有

M213.1 讲道理 ☐

M213.2 讽刺挖苦或辱骂 ☐

M213.3 长时间不和对方说话 ☐

M213.4 推搡 ☐

M213.5 打耳光 □

M213.6 拳打脚踢 □

M214 近一年,当您与妻子发生争吵或产生矛盾后,您有没有遭受过下列情况?

  1. 有 2. 没有

M214.1 讽刺挖苦或辱骂 □

M214.2 对方长时间不和自己说话 □

M214.3 推搡 □

M214.4 打耳光 □

M214.5 拳打脚踢 □

后 记

中国的性别失衡及其对人口社会的影响已受到国家及国际社会的广泛关注，成为中国人口社会可持续发展的一大隐患。中国长期偏高的出生性别比将导致庞大的男性人口过剩，2015年至2045年平均每年约有120万男性找不到初婚对象。在中国这样一个普婚文化盛行的社会，婚姻作为家庭形成的起点，对个人和家庭福利起着至关重要的作用。性别失衡下大龄未婚男性等利益受损群体的不断积聚，不但损害受婚姻挤压的成年男性的合法权益，使他们在性和心理方面处于压抑或扭曲状态，还可能迫使中国农村传统的婚姻策略发生改变，可能通过买卖婚姻、拐卖妇女、家庭暴力等方式侵害女性权利，影响两性关系和婚姻质量，增加婚姻家庭的不稳定因素。男性"婚姻挤压"问题在中国历史上一直存在，而1980年以来在低生育率条件下由出生性别比持续升高引发的男性"婚姻挤压"对男女婚姻质量的冲击，在同时期开始的城乡人口流动规模日益扩大的时代背景下变得更加严重和复杂。

西安交通大学人口与发展研究所一直致力于中国人口问题的研究。在过去的几年里，我们持续关注性别失衡和城乡流动对农村婚姻家庭的冲击问题。本书综合利用留守乡村与流动到城市社会的农村人口的专项抽样调查的多源数据，引入性别与流动的视角，前瞻性地深入分析人口与社会经济变动及婚姻挤压对当代农村家庭婚姻暴力的影响。我们希望本书的出版有助于读者全面认识性别失衡、婚姻挤压及城乡人口流动对农村人口婚姻家庭的复杂影响，并为政府制定相应的公共政策以给未来大规模男性婚姻挤压带来的与婚姻有关的社会问题提供借鉴和依据。

在本书的写作过程中，西安交通大学杜海峰教授、姜全保教授提供了非常宝贵的意见与建议，在此向他们表示衷心的感谢。感谢西安交通大学公共政策与管理学院新型城镇化与可持续发展课题组的师生，每一次的学术讨论都是辩证思想和智慧火花的碰撞，让我深受启发。本书的研究得到了国家社会科学基金重大项目（项目编号：08ZD048 & 13ZD044）的支持，在此一并致谢。

由于作者水平有限，书中不妥之处在所难免，恳请读者批评指正。

作　者

2019 年 6 月

图书在版编目(CIP)数据

性别失衡对中国农村人口婚姻暴力的影响研究：基于性别与流动的视角/李成华，靳小怡著. -- 北京：社会科学文献出版社，2019.10
（新型城镇化与可持续发展）
ISBN 978-7-5201-5457-4

Ⅰ.①性… Ⅱ.①李… ②靳… Ⅲ.①人口性别构成-影响-农村-婚姻问题-研究-中国 Ⅳ.①D669.1 ②C924.24

中国版本图书馆CIP数据核字（2019）第192267号

·新型城镇化与可持续发展·
性别失衡对中国农村人口婚姻暴力的影响研究
——基于性别与流动的视角

著　　者 / 李成华　靳小怡

出 版 人 / 谢寿光
组稿编辑 / 周　丽　王玉山
责任编辑 / 王玉山
文稿编辑 / 刘　争

出　　版 / 社会科学文献出版社·经济与管理分社（010）59367226
　　　　　 地址：北京市北三环中路甲29号院华龙大厦　邮编：100029
　　　　　 网址：www.ssap.com.cn
发　　行 / 市场营销中心（010）59367081　59367083
印　　装 / 三河市尚艺印装有限公司

规　　格 / 开　本：787mm×1092mm　1/16
　　　　　 印　张：12.75　字　数：202千字
版　　次 / 2019年10月第1版　2019年10月第1次印刷
书　　号 / ISBN 978-7-5201-5457-4
定　　价 / 89.00元

本书如有印装质量问题，请与读者服务中心（010-59367028）联系

▲ 版权所有 翻印必究